懂這些訣竅，

火速飆升

作文力

14道寫作魔咒

從靈感、思路到技巧逐步精進

只要 **2** 周 讓你突破瓶頸、一鳴驚人！

中學生最愛用的一本作文書！

讓寫作不再讓孩子感到厭惡和懼怕

從基測恢復寫作測驗之後，大家越來越關心孩子們的寫作能力，希望他們在激烈的升學考試競爭中，能夠考上理想的學校。緊接著十二年國教即將上路，寫作測驗在大會考中，更具關鍵性的影響力。在孩子們的升學路上，寫作能力的優劣可能左右孩子的未來。

嘉敏老師長期以來，在人間福報兒童版，將她對寫作及教學的熱情與堅持，經由文字具體地表達出來。從她撰寫關於寫作的專欄中，我們可以感受到她對寫作教育的專業與熱忱。

身為第一線的語文教育工作者，她在教學過程中深刻的感受到，家長們對孩子寫作能力的重視與憂心，及孩子們對於寫作的恐懼和排斥。因此運用各種創意及巧思，來撰述與寫作有關的專欄及參考用書，讓孩子不排斥寫作，進而喜歡寫作。

在這本《懂這些訣竅，火速提升作文力！》一書中，嘉敏將目前孩子們在學習寫作時的種種困難，做了深入的觀察；以親身的教學經驗，來和大家一起分享她如何解除孩子們對寫作的厭惡和懼怕，讓孩子在寫作領域中，能夠得到亮眼的佳績和自我實現的成就感。

我衷心地盼望讀者諸君，能善用自身的影響力，讓大家重視下一代的語文教育。這正是人間福報兒童及少年版的宗旨，不只要讓大家重視寫作能力，更期望經由閱讀本報，讓下一代的語文能力，有更多學習及發揮的空間！

最後也盼望嘉敏老師，把寫作教學當作人生的舞台與畢生的志業，努力不輟！

人間福報總主筆　柴松林

提升作文力，絕不困難

　　嘉敏是我在「台北市婦女新知協會」生活寫作班的新學生。開班第一天，第一位提早到坐在第一排的同學，就是她。

　　當我知道她是文字工作者，也是一位兒童作文老師，因為覺得自己越寫、越教越不足，所以特別來這個專門為成人開設的生活寫作班進修時，我非常感動，也感受到她對寫作、教學的熱情與企圖心。

　　在課堂上她認真聽講，努力學習，扮演著好學生的角色，榮膺班長一職後，將每一項班務處理得圓融妥切，讓人相信她平日在教學上，也一定會是一位注重細節，並且擅長班級經營的老師。

　　我也相信，孩子們跟著嘉敏老師新書《懂這些訣竅，火速提升作文力！》一起學習，想提升作文力，絕不困難！

台北市婦女閱讀寫作協會理事長　汪詠黛

推薦人簡介

輔仁大學歷史系畢業，擔任中國時報編輯部新聞編輯、主編、撰述委員、休閒旅遊組組長、文化新聞中心副主任，共達二十七年。現職專欄作家（中國時報、聯合報、人間福報、國語日報各大報及雜誌）。「台北市婦女閱讀寫作協會」理事長、「台北市婦女新知協會」寫作班召集人、「台北市婦女救援基金會」顧問兼講師、「全國家長團體聯盟」親職教育講師、「台北市政府社會局」特約親職教育講師，同時也是中央、中廣、警廣、教育、台北電台、中時網路廣播節目製作人、主持人、主講人。著有：《重返異域》、《愛，就是慢教和等待》、《一本走天下——自助逍遙遊》、《兩代鬥智‧親子雙贏》、《親子互動魔法書》、《愛情‧親情‧Do Re Mi》、《幸福女人的五十個學分》、《婚姻幸福魔法書》、《都會媽咪會唸經》。

汪詠黛部落格（中時電子報：黛媽咪幸福花園）
http://blog.chinatimes.com/melodywang101/

寫作力是新的競爭力

　　十二年國教要上路了！即使大家議論紛紛莫衷一是，但這些政策仍然會繼續的執行下去，接下來，師長們能做的，就是幫助孩子們，能夠在不斷變動的教育政策當中，順利且平穩的學習下去。

　　而原本基測的寫作測驗，在未來十二年國教中，更扮演舉足輕重的角色。教育部公布103年實施的國中教育會考細節，國中教育會考將在每年5月擇一週六、日舉行2天，考國文、英語、數學、社會、自然及寫作測驗。

　　以基北區舉例來說，台師大心調中心估計，五科都精熟者的比率，約占基北區所有考生的5％至8％，也就是大約三、四千人。如果用基北區目前明星高中所提供的免試入學名額約八百人來看，想要進明星學校的話，五科精熟只是最基本的條件。

　　因此師長及同學們該注意是，在基北區這個競爭激烈的學區，有實力擠進明星學校的，已經不是前5％的菁英，將可能縮小到1％的範圍，因此「最後決勝的關鍵，恐怕在於『寫作測驗』，所以，作文程度好的同學較具優勢，這是會影響會考成績的關鍵。」（出自《今周刊》十二年國教專刊）

　　由此可知，十二年國教實施之後，升學壓力也更加激烈，在這接近肉搏戰的升學考試中，師長及同學們得聰明的運用寫作測驗這項工具，來強化自身的優勢，在眾多菁英當中脫穎而出，才有機會一圓進入明星學校的升學夢。而這也是我們出版此書的宗旨。

　　這本書的主要內容，是以同學們必備的寫作能力（立意取材、結構組織、遣詞造句及錯別字、格式與標點符號）為核心主軸。再以可實際運用

的寫作技巧（修辭、賞析及名言佳句等）為輔，互為表裡且相輔相成。構成完整且詳實的寫作學習系統，將有效的幫助同學們，輕鬆的打贏十二年國教這場艱辛戰役。

有句話是這麼說的：「天分沒什麼了不起。天分來自遺傳，如何運用才最重要。」同樣的道理，同學們不要妄自菲薄，自認自己沒有寫作的天分，只要好好善用這本書，將會幫助同學們，考上心目中理想的學校。

最後，同學們，坐而言不如起而行，一起提起筆來，勇闖寫作叢林吧！

楊嘉敏

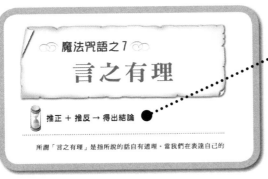

① 主題導讀

解說主題重點，瞬間掌握作文關鍵。

② 超指標名家範文

藉由名家範文帶出主題，輕鬆理解主題要點，觀摩後練習，效果加倍。

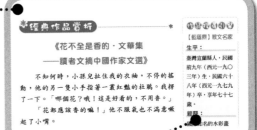

③ 名家簡介

簡列作家生平、經歷及著作，不但補充文學知識，更增加知識涵養。

④ 雙管齊下解構經典

剖析名家範文，徹底理解寫作手法與主題要點，耳濡目染是學寫作最快的捷徑！

寫作技巧

1 掌握中心論點

　　運用推理的技巧時，一定要先想好推理的主體，也就是文章中的中心論點。在之後的推理過程中，一定要牢牢抓緊這個主題，依照正反方向，循序漸進、層層遞進的去做推理。

2 依據正反方向去發揮

　　《花不全是香的》這篇文章當中，作者因為孫子的一句話：「花都應該香的嘛！」，開始思考「花」的特性，進而從正反的兩個方向作推理，正：「花都應該香的嘛！」。反：「花不全是香的！」開始

⑤ 掌握技巧，寫作功力大增

每個主題皆有寫作技巧的詳細解說，用循序漸進的教學方式，讓學習完全無負擔。

⑥ 找出素材，打好根基

有別於坊間只是出題就要學生練習，本書讓學生從「思考」開始寫作文。依據題目，照著列出的步驟找好素材，先用一句話寫出文章方向，站穩陣腳。

【練習】 現在請同學就《我從同學身上學到的事》來運用推理的方法，首先掌握文章的論點，再依據正反方向來推理。

我從同學身上學到的事

1　在同學哪些正面的行為中，可以學到有意義的事情？

2　在同學哪些反面的行為中，可以學到有意義的事情？

參考答案

1 在同學哪些正面的行為中，可以學到有意義的事情？

……在同與同學一起比賽時，讓我學到了團隊精神。想當當初完全犯規的我，經過我朋友的殷勤訓練，犯規次數減少了，而且進球率也增加了！真要感謝朋友幫我把則獨特的這種又到又帶點酸的滋味，真是難掃伴們！

2 在同學哪些反面的行為中，可以學到有意義的事情？

……有一天在班上發生了一件事情，一群調皮學生搶了別人的橡皮並丟在地上踩，我頓時起了憤懣之心，去安慰那位學生，並制止那些惡搞的調皮鬼，發揮了讓藏在心中善的正義感。

作家換你當

我從同學身上學到的事

思路一　依據題目，擬定主題

請你根據題目來選擇適合的主題。

思路引導
在與同學相處的經驗當中？有哪些經驗讓你學到重要的道理呢？

我從同學身上學到的事

經由上述的思路引導，請將它化為優美的文字，清楚的表情達意成一篇優美的文章。

⑦ 跟著思路蓋大樓

找好素材，跟著思路引導一步步思考，寫出每段主要內容，好文章便呼之欲出！

⑧ 練習是一切之本

掌握訣竅、備好素材，只要跟著思路，在練習欄中將段落組織加以連貫，就是一篇結構完整的好文章！

不得不看作品觀摩

引用國中生寫作範文，貼近讀者實際程度，才有真正觀摩功效。

★作品觀摩 《莊程勛・我從同學身上學到的事》

　　自從認識了班上的一位同學，我從他的身上學到了許多待人處事的道理。

　　每當他跟別人聊天時，他的臉上總是綻放出陽光般的笑容，說話總是溫暖，讓人感覺非常舒服。我的個性跟他簡直是南轅北轍，我的脾氣很差，經常動不動就罵人，所以人緣不太好，因此我常常透過跟他接天的方式，慢慢學習到做人的技巧。尤其是尊重這件事，當你尊重別人，別人相對的也會尊重你。

超犀利老師講評

除了練習寫作之外，老師評改更是進步關鍵，藉由學生範文作借鏡，看老師如何評斷，藉此找出自身優缺點，功力就能一日千里！

老師講評　評分 六級分

●立意取材
作者能依據題目，選擇自身的生活經驗為題材，感受真摯深刻。

●組織結構
文章結構嚴謹，每段的重點都很清楚。

●遣詞造句
文句平實通順，在平凡中皆有真實深切的情感。

●錯別字、格式及標點符號●
使用得宜，無嚴重錯誤。

────── 賞　析 ──────

　　當同學們讀這篇文章時，尤其是看到裡面所敘述的情節，多少會引發你內心中的共鳴，而這也是這篇文章成功且值得借鏡的地方。當我們在下筆時，常常為了不知要找哪些材料而苦惱不已。其實「落花水面皆文章」，同樣的道理，你們身邊的人事物的點點滴滴，都是很適合做為取材的範圍。像莊程勛同學的取材就是來自於自己班上發生的事情，雖然沒有華麗的辭藻，但是作品風格自然質樸，情感真摯動人，自然就可自成一篇佳作喔！

★充充電，思緒更活躍！文思泉湧一瞬間

一、大家來找碴

×	○
幽揚	悠揚
低印	低抑
餘音繞樑	餘音繞梁
漂亮	漂亮
響宴	饗宴

二、成語語大補帖

成語	解釋	例句	相似詞	相反詞
餘音繞樑	原是形容餘音環繞屋房旋轉不停。現多用來形容音樂美妙生動，令人餘味不盡。	聽著愛樂電台所播放的古典音樂，真讓人有種繞梁三日的享受。	繞梁三日 繞梁之音 餘音嬝嬝	嘎亞 嘔啞嘲哳
流魚出聽	形容音樂非常美妙動人，即使魚兒也都浮出水面來聆聽。	這場音樂饗宴，非常的美妙動人，真可說是「流魚出聽」。		
迴腸盪氣	形容音樂或文辭非常感人。	聽完現場演奏的交響樂，那磅礡的氣勢，真令人迴腸盪氣。	盪氣回（迴）腸 腸蕩氣 迴腸蕩氣	

三、名言佳句大會串

名言佳句	使用情境	出處
予在齊聞韶，三月不知肉味。	形容音樂的動聽	《論語・述而》
三日不彈，手生荊棘。	形容對音樂的熱情	曹雪芹《紅樓夢》
還春之曲，和者必焉。		范曄《後漢書》
治世之音安以樂，亡國之音哀以思。	介紹音樂的種類及影響	《禮記・樂記》

貼心額外 Bonus

文章要好，漂亮字句不能少，除了從結構上寫出好作文，你還需要易錯字辨正、成語大補帖與名言佳句來讓你的作文錦上添花！

CONTENTS

懂這些訣竅，
火速飆升作文力！

飆升作文力有一套

你是作文課就裝病、一提筆就嘆氣的中學生嗎？還是熱愛寫作、卻往往得不到青睞眼光的「鬱悶才子」？抑或是寫了半天、卻永遠都在重複用那幾個字的「作文卡卡」？

想要輕鬆寫出讓人讚嘆的「好文」其實不難，進入本文前，先讓筆者彙整各家作文高手的祕笈，歸納出「飆升作文力」六大特點：

1.經常閱讀 你也許會說：「又來了！我拿出課本就想睡啊！」這樣的心情相信九把刀也有過，他學生時代儘管不愛讀教科書，卻大量閱讀課外文學作品，後來變成了暢銷作家！課本是基本，課外書籍則是能深化與拓寬自己的內心世界。

2.內化佳句 相信你曾在電影中看到書生搖頭晃腦地「吟詩」，其實這並非造作之舉唷！透過「朗誦」名言佳句，甚至將它們背誦起來，久而久之，這些句子就會內化成你的資料庫，自然成為你的寫作材料！

3.增加創意 看到題目時，先猜測別人會怎麼寫，而後擠出不同寫法。例如要寫「夏天最享受的事」，大部分人會想到吃冰、游泳等清涼的題材，這時，你若來個「荷花園遊記」，並用古詩詞形容荷花，就能獨樹一幟，獲得青睞！

4.每天寫日記 其實文字充滿感情與生命，和它混得愈熟、愈能自在地使用它。試著每天寫一小段日記，使用不同的詞語表達心情，當發現重複用字，就「趕緊換」。透過不斷地思考與練習，寫作功力保證大增！

5.與好友同樂 建議與三五好友組成讀書會或寫作會，甚至相約投稿藝文刊物或建立部落格，透過分享與討論，雙方皆將作文力推升到更高一層境地。

6.架構大綱 寫作前，先思考要寫幾段、每段大意為何，架構出文章。只要平時習慣架構大綱，考試時，大綱會自然出現在腦中，可以順其盡情抒發！

魔法咒語之1

承上啟下

「起」：開頭破題（第一段）
「承」：敘述解釋（第二段）
「轉」：轉換角度（第三段）
「合」：總結歸納（第四段）

所謂的「承上啟下」，是指承接上面，引導下面。用來表示連接上下的意思。在作文當中，每個段落看似獨立，但實際上都有密不可分的關係。如果文章結構不完整的話，讀者讀起來不是感覺不連貫，就是覺得少了什麼東西，問題正出在文章結構不夠緊密。

善用起承轉合 導引讀者心情

講到寫文章的章法，大家都會想到「起承轉合」，這四者為古時詩文布局的步驟，後來也用來指文章的做法。所謂的「起承轉合」分別是：

起：開頭

承：承接上文並加以敘述解釋

轉：換個角度從正面或反面加以申述

合：總結及歸納全文

　　接著我們舉個例子來認識「起承轉合」。大家或多或少都有看過連續劇吧！通常連續劇一開始，都會有讓人印象深刻或者具有懸疑色彩的開頭，好吸引觀眾繼續看下去，就如同「起」；引發觀眾興趣後，接下來則是故事情節的鋪陳，並且為後來劇情的高潮埋下伏筆，這是「承」；緊接著，是劇情最高潮的部分。大致來說，最高潮的情節通常要有峰迴路轉的變化或激烈的衝突，才能顯現足夠的張力。例如：連續劇的主角，往往會經歷各種困難挫折，以及許多難以想像的打擊。觀眾對於主角的悲慘遭遇，經常報以最深切的同情；對於那些欺負主角的壞人，則是恨得牙癢癢的。像這樣，隨著正反兩面的衝突，引發觀眾喜怒哀樂的激烈情感，劇情終究走到最高潮的部分，而這就是文章中的「轉」；最後，則是設計一個符合劇情主旨以及發展的結局，就如同文章中的「合」。

　　像這種有高低起伏的劇情，讓觀眾看戲的情感，也跟著上下起伏，這就是一般連續劇的基本要求。就如同作文一樣，「起承轉合」的目的，也是要讓文章產生起伏高低，讓讀者在閱讀你的文章時，他們的心情也隨著緊密的結構、曲折的布局而有所變化。

　　起承轉合完美構成建議：

起　開頭，約一～四行 ────┐
承　說明，約五～八行　　　首
轉　轉折，約五～八行　　　尾
合　結論，約一～四行 ────┘呼應

🌸經典作品賞析 ⋯⋯⋯⋯⋯⋯⋯⋯⋯ ✱

《母親的教誨‧四十自述》

　　每天，天剛亮時，我母親便把我喊醒，叫我披衣坐起。我從不知道她醒來坐了多久了。她看我清醒了，便對我說昨天我做錯了什麼事，說錯了什麼話，要我認錯，要我用功讀書。有時候，她對我說父親的種種好處。她說：「你總要踏上你老子的腳步，我一生只曉得這一個完全的人，你要學他，不要跌他的股。」她說到傷心處，往往掉下淚來。

　　我母親管束我最嚴。她是慈母兼任嚴父。但她從來不在別人面前罵我一句，打我一下。我做錯了事，她只對我一望。我看見了她的嚴厲眼光，便嚇住了。

　　有一個初秋的傍晚，我吃了晚飯，在門口玩，身上只穿著一件單背心。這時候，我母親的妹子玉英姨母在我家住，她怕我冷了，拿了一件小衫出來叫我穿上。我不肯穿，她說：「穿上吧！涼了。」我隨口回答：「娘（涼）什麼！老子都不老子呀。」我剛說了這句話，一抬頭，看見母親從家裡走出，我趕快把小衫穿上。但她已

聽見這句輕薄的話了。晚上人靜後，她罰我跪下，重重地責罰了一頓。她說：「你沒有老子，是多麼得意的事！好用來說嘴！」她氣得坐著發抖，也不許我上床上睡。我跪著哭，用手擦眼淚，不知擦進了什麼黴菌；後來足足害了一年多的眼翳病，醫來醫去，總醫不好。我母親心裡又悔又急，聽說眼翳可以用舌頭舔去，有一夜她把我叫醒，真用舌頭舔我的病眼。這是我的嚴師，我的慈母。

　　我在我母親的教訓之下住了九年，受了極大極深的影響。我十四歲（其實只有十二歲零兩三個月）便離開她了。在這廣漠的人海裡，獨自混了二十多年，沒有一個人管束過我。如果我學得了一絲一毫好脾氣，如果我學得了一點點待人接物的和氣，如果我能寬恕人，體諒人——我都得感謝我的慈母。

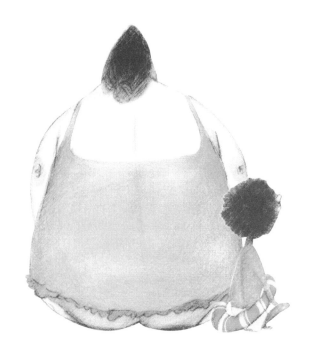

解構經典　段落依序排列 條理分明 ⋯⋯⋯⋯⋯⋯⋯✽

這是一篇記敘文。胡適藉由與母親相處的生活點滴來刻劃母愛。在文章中，作者敘述小時候受到母親的種種管教，以及他從母親的教導中所學到的事情及道理。

整篇文章中，第一段作者採用破題的方法，從母親利用每天清晨與他對話的時間，對他加以教誨與督促，來點出母親的教育心態與教導方式。第二段則敘述母親在作者犯錯時所採取的嚴厲責備。從這兩段我們可以看出胡適的母親，是一位非常嚴謹的母親，並且扮演了「嚴父」及「嚴師」的角色。到了第三段筆鋒一轉，作者用實際的例子來說明母親的嚴峻責罵，並且突顯出母親對他深切的關懷和用心，生動的刻畫出「慈母」的角色。最後一段，則是總結母親對他的深刻影響與他對母親的懷念。

從以上的分析，可以很清楚的看出這篇文章的「起承轉合」，不僅結構非常嚴謹，而且從作者生動的描述，我們也深切的感受到，作者的內心感受，以及他對母親深切的情感，可以說是一篇感情豐富且真摯深刻的佳作。

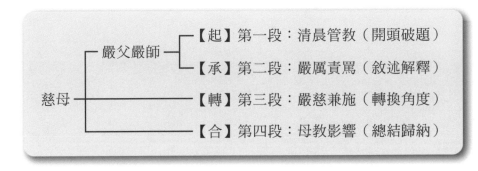

嚴父嚴師
- 【起】第一段：清晨管教（開頭破題）
- 【承】第二段：嚴厲責罵（敘述解釋）

慈母
- 【轉】第三段：嚴慈兼施（轉換角度）
- 【合】第四段：母教影響（總結歸納）

寫作技巧

　　「起承轉合」是文章的章法。這四個技巧看似簡單，但實際上，這是需要長期不斷的學習，才能累積出來的能力。我們可以藉由以下的步驟來練習如何區分「起承轉合」這四種章法的性質。

步驟1 步驟一：以「字數」來區分

　　在一篇文章中，第一段（起）和第四段（合）的字數比較少，在文章結構中兩者的比例要差不多；第二段（承）和第三段（轉）的字數比較多，同樣的，文章結構中兩者的比例也要差不多。

步驟2 步驟二：以「內容」來區分

　　在一篇文章中，第一段（起）的內容特點：多半是點明主旨和設計伏筆；第二段（承）的內容特點：大都是接續首段和解釋說明；第三段（轉）的內容特點：大部份反向論述或深入思考；第四段（合）的內容特點：大約是呼應首段或總結歸納。

練習 現在就請同學就下面範文《教師節的禮物》，依照字數及內容特質，來判斷它們是屬於「起承轉合」中的哪一段？並請根據段落編號，依序排列出「起承轉合」的正確答案。

（一）我想當他已經能夠體會到寫作的樂趣和成就，就已經超越了成績的限制，而這也是我給他們最好的禮物──能夠快樂地寫作，也能夠因寫作而快樂！

（二）有一位學生，他寫了一篇作文給我。真的是出乎我意料之外！沒想到他運用我要他們練習的主題，來寫成一篇送給我的文章。我看到他寫著：「我的作文老師和藹可親，幽默風趣」、「自從上了楊老師的作文課，我的作文真的進步不少。」、「真希望楊老師趕快將她畢生的『絕學』傳授給我，好讓我功力大增。」

（三）我看著他寫著這些又好笑又很天真的文句，內心非常感動！當學生能夠經由我的引導，感受到寫作的樂趣與成就，做老師的我又夫復何求呢？我想，當一個作文老師，最有意義的任務不是可以讓學生能夠拿到寫作測驗的最高級分；而是他們也能夠像我一樣，感受到寫作的樂趣！

（四）教師節還沒到，就有一些家長或主管送禮物給我，這些禮物都非常實惠，價格也不斐，但是，它們並沒有比我的學生所給我的禮物來得令我感動。

1 起（第一段）

2 承（第二段）

3 轉（第三段）

4 合（第四段）

1 起（第一段）
（四）

2 承（第二段）
（二）

3 轉（第三段）
（三）

4 合（第四段）
（一）

❋作家換你當

給媽媽的話

思路一．依據題目，開頭破題

請你依據題目來設計開頭。

思路引導

在什麼樣的情況或氣氛下，讓你有想要對媽媽說話的動機？

思路二．描述內容，敘述解釋

請你承接首段來敘述內容。

思路引導

媽媽為你做了哪些事情？其中有哪些是讓你印象特別深刻的？

思路三 · 突顯主題，轉換角度

請你轉換角度來增加文章的深度。

> **思路引導**
>
> 想想看，你有哪些話想要對媽媽說呢？你覺得你可以為媽媽做哪些事情呢？

思路四 · 呼應首段，總結歸納

請你總結你想要對媽媽所説的話。

> **思路引導**
>
> 你對媽媽有哪些祝福與期盼呢？

給媽媽的話

經由上述的思路引導，請將它化為優美的文字，清楚的表情達意成一篇優美的文章。

作品觀摩　《郭威漢‧給媽媽的話》

　　母親節即將到來了！在這個充滿感恩氣氛的日子裡，我有一些話想對媽媽說……

　　平常媽媽總是無微不至的關心及照顧我，讓我感到我是全天下最幸福的小孩。有時（，）看見媽媽下班時（，）總是很疲倦的回到家裡（。），回到家之後，還要忙著做家事、看我的功課（……）等等，往往累到一上床就睡著了！看到媽媽這麼的辛苦，我打從心裡覺得媽媽真是偉大！因此我想藉這個機會跟媽媽說一些我內心的話。

　　親愛的媽媽：感謝您的付出，我都銘記在心，點滴在心頭。現在的我，沒有辦法像您一樣工作來賺錢養家，但是我會努力唸書，學習做人做事的道理，成為一位品學兼優的好學生，使您感到光榮和開心，而這也是我能送給您最好的母親節的禮物。

　　最後，我希望您保重自己的身體，不要太勞累，也不要為了工作上的事情煩心，因為我希望當我看到您時，是一位活潑美麗，而不是快要累壞的媽咪喔！

老師講評　評分 六級分

● 立意取材 ●

作者能依照題目來寫出符合主旨的文章，並且能有效的加以鋪陳內容。

● 結構組織 ●

能依「起承轉合」的順序，來組織整篇文章。而且結構緊密有條理。

● 遣詞造句 ●

通篇文句流暢，淺顯易讀。

● 錯別字、格式及標點符號 ●

注意逗號及句號的使用，使斷句及文意更加清楚。

賞　析

　　寫作時，看似普通的主題，若能藉題充分發揮，就是一項大挑戰。就像威漢同學在這篇文章當中，描述媽媽的種種舉動，字裡行間充滿對媽媽疼惜的心情，很平凡但也很動人。當同學在寫這類題材時，最重要不光只是抽象的稱讚文中主角的辛苦，也要具體的表達出內心真實的情感，這樣就可以說是一篇情感真摯的佳作。

❉ 充充電，思緒更活躍！文思泉湧一瞬間 ⋯⋯ ❉

一、大家來找碴

×	○
疲卷	疲倦
籍著	藉著
名記	銘記
汽氛	氣氛
無維不至	無微不至

二、成詞語大補帖

成語	解釋	例句	相似詞	相反詞
含辛茹苦	辛，辣；茹，吃。是用來形容遍嚐各種辛苦與磨難。	母親為了教養我們，可以說是含辛茹苦，受盡各種苦難。	茹苦含辛 千辛萬苦 辛辛苦苦 備嘗辛苦	養尊處優
歷盡艱辛	形容經歷各種困難、辛酸。	單親媽媽真的很辛苦，要歷盡艱辛，才能成功的扮演好養育子女的角色。	飽經風霜 堅苦卓絕	一帆風順 無往不利
不辭辛勞	不怕各種辛苦及辛勞。	當媽媽的總要不辭辛勞，為了小孩的一切而努力奮鬥。	不以為苦	好逸惡勞

三、名言佳句大會串

名言佳句	使用情境	出處
乳彘（ㄓˋ）觸虎，乳狗不遠遊。		〈荀子・荀子《榮辱篇》〉
慈母手中線，遊子身上衣。	用以形容母親對子女深厚的關愛	〈孟郊・遊子吟〉
臨行密密縫，意恐遲遲歸。		〈孟郊・遊子吟〉
誰言寸草心，報得三春暉。		〈孟郊・遊子吟〉

魔法咒語之2
多采多姿

 修辭類型與運用

　　所謂「多采多姿」是形容姿態變化多端，色彩鮮麗迷人。後來引申為內容豐富華麗，且變化多端。俗話說：「一樣米養百樣人。」有些人期待自己生活平淡順利，也有些人期待生活變化多端多采多姿。同樣的，在作文中，文章既可以平實無奇，也可以多采多姿。如果想寫出多采多姿的文章，這可是有「撇步」的喔！

靈巧運用修辭 文章多采多姿

　　「文學可以美化人生，修辭可以美化文學」，修辭就像文章的彩妝師一樣，可以讓平實通順的文章綻放多彩多姿的光輝。

　　不同的文體，可以善用不同的修辭，以下表格是將各種文體所常運用的修辭做粗略的整理，讀者未必要拘泥於下述的用法，發揮創意大膽使用各種不同的修辭，也許會帶來預期不到的效果喔！

文體	能運用的修辭
論說文 （說明文和議論文）	設問、引用、譬喻、排比等。
記敘文	摹寫（視覺、聽覺、嗅覺、味覺、觸覺）、譬喻、映襯、轉化等。
抒情文	感嘆、設問、誇飾等。

接著，我們再將各種修辭的定義以及常見的用法做一整理，幫助同學可以靈活運用這些修辭。

種類	定義（依據國語辭典的解釋）	分類及舉例	
譬喻	利用二件事物的相似點，用彼方來說明此方，通常是以易知說明難知，以具體說明抽象。由「喻體」、「喻詞」和「喻依」所組成。	明喻	人生如戲，戲如人生。
		隱喻	我是天空裡的一片雲。
		略喻 （省略喻詞）	女人心，（像）海底針。
		借喻 （只保留喻依）	一朵鮮花插在牛糞上。
設問	修辭學上指講話行文時，忽然由平敘的語氣變為詢問的語氣。	疑問 （問而不答）	這個世界有什麼東西是永恆的呢？
		提問 （有問有答）	借問酒家何處有？牧童遙指杏花村。
		激問（答案在問題反面）	冬天來了，春天還會遠嗎？（不遠了）
轉化 （比擬）	描述一件事物時，轉變其原來的性質，化成另一種本質截然不同的事物，而加以形容敘述的修辭法	人性化 （將物擬人）	只有綠色的小河還醒著。
		物性化 （將人擬物）	愛因斯坦說：「專家還不是訓練有素的狗？」
		形象化（化抽象為具體）	或許所有的人都早已習慣於污濁了，但我們（指行道樹）仍然固執地製造不被珍惜的清新。

誇飾	語文中誇張鋪飾，超過了客觀事實的修辭法。	◎每一棵竹子都在不顧一切地往上鑽挺，看起來好像要去捕星星、摘月亮，也好像是大家一起去搶奪那片藍藍的天空。 ◎千呼萬喚始出來，猶抱琵琶半遮面。
感嘆	以感嘆的呼聲表露出強烈感情的句子。其語調特殊，音高的變化也往往比較大，而句末多使用驚嘆號。	◎唉！我不知何時再能與他相見呢？ ◎噫！菊之愛，陶後鮮有聞。
引用	言論及文章中援用古書典故、名人格言以及俗語等等，稱為引用。	◎然則為什麼孟子又説：「君子有終身之憂」呢？因為越是聖賢豪傑，他負的責任越是重大。 ◎他所喜歡的性格是「剛毅木訥」，他所痛惡的是「巧言令色」。
映襯	修辭學上辭格之一。將兩種不同的，特別是相反的觀念或事實，對列比較，從而使語氣增強、使意義更為明顯的修辭方法。	◎有運動家風度的人，寧可有光明的失敗，絕不要不榮譽的成功。 ◎盡得大的責任，就得大快樂；盡得小的責任，就得小快樂。
排比	一種修辭學上的辭格。用結構相似的句法，接二連三地表達出同範圍、同性質的意象。	◎蝴蝶和蜜蜂帶著花朵的蜜糖回家了， 羊隊和牛群告別了田野回家了， 火紅的太陽也滾著火輪子回家了， 當街燈亮起來向村莊道過晚安， 夜就輕輕地來了。

【楊喚】童詩名家

經典作品賞析

《夏夜‧楊喚全集》

蝴蝶和蜜蜂們帶著花朵的蜜糖回來了，
羊隊和牛群告別了田野回家了，
火紅的太陽也滾著火輪子回家了，
當街燈亮起來向村莊道過晚安，
夏天的夜就輕輕地來了。
來了！來了！
從山坡上輕輕地爬下來了。
來了！來了！
從椰子樹梢輕輕地爬下來了。
撒了滿天的珍珠和一枚又大又亮的銀幣。

美麗的夏夜呀！
涼爽的夏夜呀！
小雞和小鴨們關在欄裡睡了。
聽完了老祖母的故事，
小弟弟和小妹妹也闔上眼睛走向夢鄉了。
（小妹妹夢見她變成蝴蝶在大花園裡忽東忽
西地飛，小弟弟夢見他變做一條魚在藍色的
大海裡游水。）

生平：

楊喚，本名楊森，遼
寧省興城縣人。生於
民國十九年（西元一
九三〇年）生，卒於
民國四十三（西元一
九五四年），享年二
十五歲。

經歷：

楊喚雖有著不幸的童
年，但是他懷著一顆
赤子的心和對文學的
堅持，來面對現實生
活中的酸甜苦辣，並
創作出不少童詩及童
話。

著作：

楊喚的詩感情真摯、
洋溢童真。民國七十
四年，他的朋友們將
他的詩、散文以及詩
作等，合為楊喚全集
出版。

睡了，都睡了！
朦朧地，山巒靜靜地睡了！
朦朧地，田野靜靜地睡了！
只有窗外瓜架上的南瓜還醒著，
伸長了藤蔓輕輕地往屋頂上爬。
只有綠色的小河還醒著，
低聲地歌唱著溜過彎彎的小橋。
只有夜風還醒著，
從竹林裡跑出來，
跟著提燈的螢火蟲，
在美麗的夏夜裡愉快地旅行。

解構經典　靈活運用修辭 增添優美

本篇文章選自《楊喚全集》。作者藉由自己的赤子之心，以各種修辭來描寫夏夜之美。整首詩充滿天真爛漫的情懷，以及靈活歡樂的氣息。

在這首新詩中，作者充分的運用各種修辭，來極力刻畫夏夜之美。其中最主要運用擬人法，來描寫夏夜的寧靜與溫馨。除此之外，也運用摹寫來極力鋪陳夏夜生意盎然的景象。

《夏夜》修辭總整理

種類	例　　　句
摹寫	◎撒了滿天的珍珠和一枚又大又亮的銀幣。（視覺摹寫） ◎只有綠色的小河還醒著，低聲地歌唱著溜過彎彎的小橋。（聽覺摹寫）
排比	◎蝴蝶和蜜蜂們帶著花朵的蜜糖回來了，羊隊和牛群告別了田野回家了，火紅的太陽也滾著火輪子回家了。 ◎來了！來了！（兼類疊） ◎小妹妹夢見她變成蝴蝶在大花園裡忽東忽西地飛，小弟弟夢見他變做一條魚在藍色的大海裡游水。 ◎朦朧地，山巒靜靜地睡了！朦朧地，田野靜靜地睡了！
擬人	◎蝴蝶和蜜蜂們帶著花朵的蜜糖回來了。 ◎羊隊和牛群告別了田野回家了。 ◎火紅的太陽也滾著火輪子回家了。 ◎當街燈亮起來向村莊道過晚安。 ◎從山坡上輕輕地爬下來了。 ◎從椰子樹梢輕輕地爬下來了。 ◎撒了滿天的珍珠和一枚又大又亮的銀幣。
類疊	◎來了！來了！ ◎朦朧地，山巒靜靜地睡了！朦朧地，田野靜靜地睡了！（兼類疊）
譬喻	◎撒了滿天的珍珠和一枚又大又亮的銀幣。（兼轉化）
映襯	◎只有窗外瓜架上的南瓜還醒著。

寫作技巧

步驟 1 確定修辭的類型

當開始運用修辭時，一定要確定修辭的種類。因為有些修辭是很類似的，例如：譬喻和轉化、譬喻和象徵、對偶和排比的比較。只要掌握修辭的作用、原則及手段等三方面，就可以精準的運用修辭。

步驟 2 再確定修辭的用法

在這個步驟當中，各位同學一定要很清楚各種修辭的用法，而且不必拘泥於某一種，如果一個句子同時兼有不同的修辭，也是一種很生動及優美的用法呢！例如：《朱自清‧春》：「山朗潤起來了，水長起來了，太陽的臉紅起來了。」就整句來看是「排比」；間隔使用「起來了」三次，是「類疊」中的類字；「太陽的臉紅起來了」則是「轉化」中的人性化。這一個句子就包含了三種修辭格，使得整句看起來既生動又精彩。

善用修辭，不但可以為文章化上美麗的彩妝，還可以增加文章意境之美！同學們可以多加練習運用。

練習

現在，換大家試試看。依照對修辭的了解，來判斷下列各句，使用何種修辭？

1 朋友真像是一本一本的好書。

2 「怯伶伶」的小雪球是探春信的小使。

3 立在城市的飛塵裡，我們是一列「憂愁」而「快樂」的樹。

4 在逃去如飛的日子裡，在「千」門「萬」戶的世界裡的
   我，能做些什麼呢？

5 無「絲竹」之亂耳，無「案牘」之勞形。

6 陸放翁有一聯詩句：「傳呼快馬迎新月，卻上輕輿趁晚
   涼。」這是做地方官的風流。

7 翻過來看，什麼事最快樂呢？自然責任完了，算是人生第
   一件樂事。

8 原來兩人躲在楊桃樹下，儘摘下面的果子，一個一個嘗，
   發現都是「澀澀苦苦的」，沒有臺北的楊桃汁甜。

9 白日依山盡，黃河入海流。欲窮千里目，更上一層樓。

10 所有「用的」、「吃的」、「穿的」東西，以及住的地方，
　　都要弄得乾乾淨淨，不可腌臢汙穢。

1 朋友真像是一本一本的好書。
　　譬喻▶「朋友」是喻體，「像」是喻詞；「一本一本的好書」是喻依。

2 「怯伶伶」的小雪球是探春信的小使。
　　轉化▶「怯伶伶」是膽小可憐的樣子。

3 立在城市的飛塵裡，我們是一列「憂愁」而「快樂」的樹。
　　映襯▶「憂愁」和「快樂」相對。

4 在逃去如飛的日子裡，在「千」門「萬」戶的世界裡的我，能做些什麼呢？
　　誇飾▶「千」和「萬」是數字的誇飾。

5 無「絲竹」之亂耳，無「案牘」之勞形。
　　借代▶「絲竹」指音樂；「案牘」指公事。

6 陸放翁有一聯詩句：「傳呼快馬迎新月，卻上輕輿趁晚涼。」這是做地方官的風流。
　　引用▶作者引用陸放翁的話。

7 翻過來看，什麼事最快樂呢？自然責任完了，算是人生第一件樂事。
　　設問▶從「翻過來看，什麼事最快樂呢？」判斷。

8 原來兩人躲在楊桃樹下，儘摘下面的果子，一個一個嘗，發現都是「澀澀苦苦
　　的」，沒有臺北的楊桃汁甜。
　　摹寫（味覺）▶「一個一個嘗，發現都是『澀澀苦苦的』」從這句話判斷得之。

9 白日依山盡，黃河入海流。欲窮千里目，更上一層樓。
　　對偶▶「白日」對「黃河」，「依」對「入」，「山盡」對「海流」；「欲窮」對
　　「更上」，「千里目」對「一層樓」。詞性、字數皆相對，另依據古詩詞的唸法，
　　平仄也相對。

10 所有「用的」、「吃的」、「穿的」東西，以及住的地方，都要弄得乾乾淨淨，
　　不可腌臢汙穢。
　　排比▶從「用的」、「吃的」、「穿的」判斷而之。

作家換你當

月亮

思路一·依據題目，選擇材料

請你依據題目來選擇適合的材料。

思路引導

就你記憶所及，有哪些關於月亮的事情呢？

思路二·根據月亮，觸發聯想

請你做有關月亮的聯想。

思路引導

月亮會讓你聯想到哪些人事物？

思路三‧運用修辭，點出特性

請你描摹月亮的特性。

思路引導

月亮有哪些特點呢？想一想，可以運用哪些修辭來增加意境之美。

月亮

經由上述的思路引導,請將它化為優美的文字,清楚的表情達意成一篇優美的文章。(文體不拘,也可用新詩表達呈現)

作品觀摩　　《徐睿嫻‧月亮》

月亮，月亮，
月亮是小星星的朋友，
它們喜歡在夜裡玩捉迷藏。

月亮，月亮，
月亮是一座宮殿，
嫦娥在裡面當公主。

月亮，月亮，
月亮是彎彎的香蕉，
讓猴子賞月賞到肚子餓。

月亮，月亮，
月亮是一個甜甜圈，
讓賞月的人越看感情越甜蜜。

老師講評　評分 四級分

● 立意取材 ●

作者能依據題目，選擇相關的事物，並且能發揮有創意的想像。使得整首詩洋溢真實的情感及賞月的情趣。

● 結構組織 ●

能充分的掌握月亮相關的材料，例如：形狀、傳說等等，使得詩的內容更加豐富。

● 遣詞造句 ●

充分運用修辭，並清楚點明月亮的特性。

● 錯別字、格式及標點符號 ●

沒有錯誤。

賞　析

　　一般同學一想到寫新詩，可能就會聯想到艱澀難懂的抽象詩意。不過，善用修辭當中一些簡單實用的技巧，如擬人及譬喻等等，再加上「意象（客觀現象）」及「情境」的摹寫，就能夠完成一篇意境優美、詞語精煉的新詩。就像這首以月亮為主題的新詩，沒有太艱深難懂的抽象意念，但睿嫻同學卻能善用擬人和譬喻，來表達心目中可愛又有點俏皮，且充滿想像力的月亮。本篇可當新詩寫作時的範文，下筆時，同學只要針對主題做多元及彈性的調整，就可以輕鬆的寫完一首新詩囉！

✱ 充充電，思緒更活躍！文思泉湧一瞬間 ……✱

一、大家來找碴

✕	○
捉謎藏	捉迷藏
公殿	宮殿
甜密	甜蜜
常娥	嫦娥
宮主	公主

二、成詞語大補帖

成語	解釋	例句	相似詞	相反詞
月落星沉	月亮下沉，星星低垂。指天色將要亮的時候。	昨晚為了準備月考，準備到月落星沉，才稍微睡了一下，又匆忙起床去學校考試。	月落參橫	夜半三更
月白風清	月色皎潔，微風清涼。多形容美好的月夜。	在這月白風清的夜晚，是最適合出去賞月散步。	清風明月風清月朗月光似水	
月光如水	形容月色皎潔柔和，如同像水一般溫柔。	月光如水，讓人忍不住停下腳步多加欣賞。		風高月黑
花晨月夕	用來比喻良辰美景。	在花晨月夕的夜晚，是情侶們散步談心的最佳情境。	花朝月夕花朝月夜	

三、名言佳句大會串

名言佳句	使用情境	出處
月上柳梢頭，人約黃昏後。	展現浪漫氣氛	〈歐陽修（或作朱叔真）·生查子〉
月子彎彎照幾州，幾家歡樂幾家愁。	抒發鄉愁	〈吳歌·京本通俗小說〉
月落烏啼霜滿天，江楓漁火對愁眠。		〈張繼·楓橋夜泊〉
月出驚山鳥。		〈王維·鳥鳴澗〉
月光如水水如天。	描述月光景色	〈趙嘏·江樓感舊〉
月到天心處，風來水面時。		〈邵雍·清夜吟〉

魔法咒語之 3

畫龍點睛

善用標點符號

　　所謂「畫龍點睛」用來比喻繪畫、作文時在最重要的地方加上一筆，使全體更加生動傳神。什麼是寫作時最重要的地方？每個人或多或少都有不同的看法，可是當你完成一篇作文後，還有哪些東西，可以讓你的文章有加分的效果，就得靠看起來毫不起眼但又十分重要的標點符號囉！

善用標點符號 文章生動有力

　　當女生化完妝後，有時還會在眼睛四週抹上亮粉，讓眼睛看起來「閃閃動人」。同樣的道理，寫完一篇文章後，想要讓文章產生「畫龍點睛」的效果，就可以運用標點符號來讓文章更生動有力！

　　首先，我們來複習一些很重要且基本的標點符號：

符　號	用法說明（依據國語辭典）	例　句
。 （句號）	一種標點符號。用於直述式，文意已完足的句子之末。	我陸續寫成成功人生、自我期許等書，也被許多朋友界定為勵志作家了。

符號	說明	例句
，（逗號）	用以分開句內各語或表示語氣的停頓。	若是為了教學與研究而念書，則書本像是老師與同學，可供諮詢與問難。
、（頓號）	用在句中語氣需要稍微停頓的地方，以隔斷連用而並列的同類詞，或標明數目節位和次序。	中國方面是：論語、莊子、孟子。
？（問號）	用於表示疑問語氣的文句下。	那麼，我在休閒時念些什麼書呢？
！（驚嘆號）	一種標點符號。用在感嘆、命令、祈求、勸勉等語句之後。	可以突破時空局限，感受「於我心有戚戚焉」！
：（冒號）	用在總起下文，或舉例說明上文。	我念書有三種情況：一是為了教學、研究。
；（分號）	用來分開複句中平列的句子。	一是為了教學、研究；二是為了寫作。
（）——（夾注號）	表示注解的起止，用在文句的中間或末尾。	我的個性很特別（其實是搞怪）。
「」『』（引號）	表示引用語的起止，或特別意義的詞句。（上下引號各占一格）	每一個人都必須自己決定「這幾本書」的書目。
——（破折號）	表示語意的轉變、聲音的延續、時空的起止或用來加強解釋。（占兩格）	沒有人喜歡工作——但是它是檢驗自我能力與智慧的好機會。
……（刪節號）	用來表示已刪去、省略或未說完的部分。	台北市有許多百貨公司，例如：SOGO百貨、新光三越、美麗華百貨公司……
＿（專名號）	其形式為一直線，用於專有名詞，如國名、地名、人名、朝代名等。	在美念書時，功課壓力極大，一有機會就念勵志小品。
～（書名號）	用來標明書名、篇目、歌曲名、影劇名或報紙、雜誌的名稱。	我陸續寫成成功人生、自我期許等書，也被許多朋友界定為勵志作家了。

　　有很多同學在使用標點符號時，往往一逗到底，等到整段寫完，才會換成句號。要不就是弄不清楚某些標點符號，例如：破折號（——）和刪節號（……）、專名號（＿＿）和書名號（﹏﹏），這些都是同學常容易搞混的。我們現在就來釐清容易混淆的標點符號：

　　1.專名號 vs.書名號

　　　專名號（＿＿）：只用在專有名詞。

　　　書名號（﹏﹏）：用在書名、篇名、歌曲名、影劇名等。
　　　直式書寫時，兩者皆在字的左邊。

　　2.刪節號 vs.破折號

　　　刪節號為（……）：一共六點一格各占三點。

　　　破折號為（——）：占兩格。
　　　兩者皆位在格子的中間。

　　3.刪節號與「等等」的用法

　　　刪節號和「等等」的意思相似，但兩者不能合用。

　　4.單引號 vs.雙引號

　　　通常都用單引號（「」），如果引號中間還需要用到引號，
　　　則用雙引號（『』）。

　　標點符號雖不是文章的主角，但卻是一篇佳作不可缺少的要素。靈活且正確的善用標點符號，必能為文章帶來「畫龍點睛」的效果。

經典作品賞析

《書中天地寬・不同季節的讀書方法》

　　每一個人都必須自己決定「這幾本書」的書目。我念書有三種情況：一是為了教學、研究；二是為了寫作、演講；三是為了休閒。若是為了教學與研究而念書，則書本像是老師與同學，可供諮詢與問難，其中樂趣有限，除非有了「自成一家之言」的創見。為了寫作與演講而念書，效率較高，可以訓練自己的組織力與表達力。許多讀書會都要求參與者定期公開敘述心得，這是消化書中精華的最佳途徑。那麼，我在休閒時念些什麼書呢？這也要視情況而定。在美念書時，功課壓力極大，一有機會就念勵志小品。當時所念皆為英文作品，既可增進語文能力，又可收對比啟發之功。念多了這一類的書，我陸續寫成成功人生、自我期許等書，也被許多朋友界定為勵志作家了。

　　由此看來，我在休閒時所念的書，竟也產生高度的學習效果了。我對念書還有一套不太成熟的想法，就是可以配合不同季節來談讀書方法。譬如：按照春夏秋冬的季節，我在中西雙方各選

作品搜尋引擎

【傅佩榮】散文名家

生平：

傅佩榮，上海市人。生於民國三十九年（西元一九五〇年）。

經歷：

臺灣大學哲學研究所畢業，美國耶魯大學哲學博士。曾經擔任比利時魯汶大學客座教授，現在為臺灣大學哲學系教授。

著作：

他的作品多以哲學的思維來詮釋傳統的經典和現代人所遭遇的生活難題。作品有成功人生、自我期許、人生取向等。

四本書。<u>中國</u>方面是：論語、莊子、孟子。外國方面是：<u>泰戈爾</u>詩集、<u>羅梭</u> 湖濱散記、<u>房龍</u> 寬容、<u>尼采</u> 查拉圖斯特拉如是説。

　　為什麼<u>中國</u>方面入選的是古代作品，而外國卻可以有近人作品呢？答案或許是因為這兩者都有距離，一是時間，二是空間。距離造成美感，可以使人「有興趣而沒有利害關係」。念書本來是為了求知或追求真理，現在卻可以孕生美感，亦即造成心靈共鳴，可以突破時空局限，感受「於我心有戚戚焉」！

解構經典　善用正確標號 一目瞭然

　　本篇文章選自《不同季節的讀書方法》，是一篇論說文。作者藉由自己讀書的經驗，啟發「一本書閃耀光采」的道理，並值得我們參考他的讀書心得和品味。

　　在這篇文章當中，作者很正確的運用各種標點符號。例如：人名及國名使用專名號；書名用書名號；舉例說明用冒號；特別意義的詞句則會使用引號。如此一來，就能將這篇文章的風格、韻律以及特別想傳達給讀者的重點突顯出來。試想錯誤的標點符號，可能會讓讀者產生不必要的誤解；再生動優美的文字，若是「一逗逗到底」，恐怕效果也就跟著大打折扣了！作者了解標點符號的實用性與重要性，因此完成了這篇靈活且精準運用標點符號的佳作。

❋ 寫作技巧 ⋯⋯⋯⋯⋯⋯⋯⋯⋯⋯⋯⋯⋯⋯⋯⋯⋯⋯⋯⋯⋯ ✱

步驟 1　確定標點符號的正確性

當在運用標點符號時，先要確定標點符號是否正確。尤其是比較容易搞混的標點符號。寫完之後一定要確實的檢查，以避免錯誤的發生。

步驟 2　再增加標點符號的多樣性

有一些標點符號有強調語氣的效果，但很容易被人忽略，如上下引號以及驚嘆號。例如：每一個人都必須自己決定「這幾本書」的書目。作者強調「這幾本書」來表達每個人不管如何都有看書的習慣。另外，「感受『於我心有戚戚焉』！」中的「！」強調作者心中的共鳴與感受，多使用強調語氣的標點符號，會使文章更加生動有力！

練習

現在，換大家試試看。依照你對標點符號的認識，來作填空的練習。

有一次上課前，剛好與別人吵了一架，心情非常低落，甚至還有想要大哭的衝動（　　）即使如此，還是強顏歡笑的走進教室。

雖然情緒降到谷底，我還是勉強自己，一如往常和學生哈拉一下。其中有位女同學說（　　）老師，您今天看起來好怪喔（　　）「喔（　　）哪裡怪呢（　　）」我心想，我應該（　　）偽裝（　　）得很好，怎麼連孩子都看得出來我好像發生了什麼事情呢（　　）

　　「不知道耶（　　）就是看起來很奇怪（　　）」為了想知道她的答案，於是我想了很多的答案讓她選擇（　　）「是看起來生氣（　　）還是看起來很難過（　　）或者是看起來有心事（　　）」

　　「對（　　）對（　　）對（　　）就是看起來有心事的樣子啦（　　）」同學這樣一講，我的眼淚差點奪眶而出，雖然我覺得自己很委曲，但是在學生面前千萬不能掉眼淚啊（　　）否則一發不可收拾！

　　還好有位調皮的同學說：「喔（　）我知道了，老師妳打算要（　）離婚（　　）對不對？」另外一位同學立刻說：「老師都還沒結婚，幹嘛離婚啊（　　）」我被這群學生的對話搞得啼笑皆非，原本難過的心情，在這群學生的關心及搞笑之下，心裡溫馨快樂許多了！

　　有一次上課前，剛好與別人吵了一架，心情非常低落，甚至還有想要大哭的衝動！即使如此，還是強顏歡笑的走進教室。

　　雖然情緒降到谷底，我還是勉強自己，一如往常和學生哈拉一下。其中有位女同學說：「老師，您今天看起來好怪喔！」「喔！哪裡怪呢？」我心想，我應該「偽裝」得很好，怎麼連孩子都看得出來我好像發生了什麼事情呢？

　　「不知道耶？就是看起來很奇怪！」為了想知道她的答案，於是我想了很多的答案讓她選擇：「是看起來生氣？還是看起來很難過？或者是看起來有心事？」

　　「對！對！對！就是看起來有心事的樣子啦！」同學這樣一講，我的眼淚差點奪眶而出，雖然我覺得自己很委曲，但是在學生面前千萬不能掉眼淚啊！否則一發不可收拾！

　　還好有位調皮的同學說：「喔！我知道了，老師妳打算要『離婚』對不對？」另外一位同學立刻說：「老師都還沒結婚，幹嘛離婚啊？」我被這群學生的對話搞得啼笑皆非，原本難過的心情，在這群學生的關心及搞笑之下，心裡溫馨快樂許多了！

作家換你當

談讀書

思路一·根據題目，主要看法

請依據題目發表你對讀書的主要看法。

思路引導

關於讀書，你最主要的看法是什麼呢？

思路二·承接主題，敘述經驗

請你寫出有關讀書的生活經驗。

思路引導

你有哪些讀書的經驗讓你印象深刻呢？

思路三·深化主題，表達感受

請寫出你對讀書的看法及感受，並注意標點符號的使用

思路引導

你對讀書有什麼樣的心得與看法呢？

思路四·首尾呼應，總結感想

請歸納出你對讀書的想法，為本文劃下完美句點。

思路引導

總而言之，你對讀書的看法及感受為何呢？

談讀書

經由上述的思路引導，請將它化為優美的文字，清楚的表情達意成一篇優美的文章。

作品觀摩 《夏淵浩‧讀書銘》 ⋯⋯⋯⋯⋯⋯⋯⋯⋯ ✳

　　書不在多，有看就行；分數不在多，有通就行；斯是書房，讀書得閒情。課本翻得快，不求甚解，小說看得勤，細細品嚐。回家常複習，到校常預習。吃個點心，喝杯奶茶，塞付耳機；無父母之嘮叨，無噪音之汙染。讀書，享受到不行！！

老師講評　　　　　評分 四級分

● 立意取材 ●

作者能依據題目發揮有趣的創意，並且能使讀者讀完會心一笑。

● 結構組織 ●

能模仿劉禹錫的《陋室銘》的結構來創作，新奇的創意令人驚喜。

● 遣詞造句 ●

在文句當中洋溢自己讀書的趣味與自在，非常生動、活潑。

● 錯別字、格式及標點符號 ●

沒有錯誤。

賞　析

　　這位同學模仿〈陋室銘〉來改寫成〈讀書銘〉，雖然主題不同，但同樣表現出自得其樂的情致。從內容反應出目前國中生對讀書的心態，課內書敷衍一下就好了，課外書則細細品味，充分表現時下學生對升學壓力的無奈，但又可以在百般無奈中苦中作樂，這也呼應了原文〈陋室銘〉中，作者自在快樂的情致。由此可見，古文並不是那麼艱深難學的，只要花一些巧思，善用生活中的點點滴滴，就可以寫出屬於自己的「生活寫真銘」喔！

❋ 充充電，思緒更活躍！文思泉湧一瞬間 ……❋

一、大家來找碴

✕	○
閑情	閒情
燥音	噪音
覆習	複（復）習
亨受	享受
污染	汙染

二、成詞語大補帖

成語	解釋	例句	相似詞	相反詞
書中自有千鍾粟	古代用來鼓勵人讀書，認為只要把書讀好，功名富貴自然會來。	書中自有千鍾粟，好好讀書，自會有功成名就的一天。		
書中自有顏如玉	古代用來鼓勵人努力讀書，除了可以求得功名，也能娶得美嬌娘。	書中自有顏如玉，讀書除了可以增加知識之外，也可以使人文質彬彬，讓我們更受女生歡迎。	書中車馬多如簇	與君一席話勝讀十年書
書中自有黃金屋	古代用來鼓勵人讀書，只要書讀得好，富貴名利自然到來。	書中自有黃金屋，讀書除了增廣見聞之外，也可以增加運用知識來賺錢的機會。		
經典之作	製作精美，可以流傳百世，成為後世典範的作品。	這張 CD 收集許多這位歌星的經典之作，值得珍藏。	坐擁書城	
吉光片羽	吉光，是古代傳說中的神獸。吉光片羽指神獸的一毛。用來比喻殘餘僅見的文章或是書畫等藝術珍品。	名作家琦君過世了！她的作品真可說是吉光片羽，值得收藏來細細品嘗。		粗製濫造郢書燕說書缺簡說

三、名言佳句大會串

名言佳句	使用情境	出處
讀書，引導我散步在別人的知識與靈魂中。	用來說明讀書的益處	尼采
讀遍全部的好書，有如跟許多賢人談話。		笛卡兒
貧者因書而富，富者因書而貴。		王安石
讀書若未能應用，則所讀的書等於廢紙。	用來說明讀書應有的態度	華盛頓
讀書不要貪多，而是要多加思索。		盧梭
讀書不厭百回讀，熟讀深思子自知。		蘇軾

魔法咒語之4
無中生有

「回憶」（魔法箱）＋「靈感」（魔法）→文章

　　寫作其實是一種「無中生有」的過程。你可以把自己當作一位魔術師，運用自己的「魔法」，變出一篇文章出來。至於如何變出來呢？繼續看下去就會知道答案了！

把握瞬間靈感 剎那可為永恆

　　「『魔』法人人會變，只是巧妙不同」。如果你能具備魔術師的技巧、好奇的心靈、活潑的想法，就有可能「變（寫）」出一篇好的文章。而所謂「魔法」就是把你腦海中浮現的靈感，予以捕捉起來。而且這種靈感，往往就在你好奇的心靈、活潑的想法中產生出來！

　　但是要如何產生靈感呢？就努力的從記憶裡去挖掘吧！用我們的心仔細的去體會生活中的點點滴滴，並且將它深深烙印在自己的腦海中。就把「記憶」當作表演魔術時的「魔法箱」；運用「魔法」來將「記憶」變成「靈感」，這樣我們就可以「無中生有」──創作出一篇篇精彩的文章！

　　「魔法箱」的東西，要能「變」出來，才能吸引別人的目光。我們可以就題目所聯想到相關東西，去做多方面的聯想，靈感就會左右逢源，文思也會源源不絕。這樣我們就能變（寫）出一篇篇精彩的文章。接著來看看知名作家，如何施展「無中生有」的「魔法」！

經典作品賞析

《背影·背影》

　　我與父親不相見已二年餘了，我最不能忘記的是他的背影。……父親是一個胖子，走過去自然費事些。我本來要去的，他不肯，只好讓他去。我看見他戴著黑布小帽，穿著黑布大馬褂，深青布棉袍，蹣跚的走到鐵道邊，慢慢的探身下去，尚不大難。可是他穿過鐵道，要爬上那邊月臺，就不容易了。他用兩手攀著上面，兩腳再向上縮，他肥胖的身子向左微傾，顯出努力的樣子。這時我看見他的背影，我的淚很快地流下來了。……我讀到此處，在晶瑩的淚光中，又看見肥胖的青布棉袍，黑布馬褂的背影。

作品搜尋引擎

【朱自清】散文名家

生平：

生於清朝末年（西元一八九八年），享年五十歲。字佩弦，浙江紹興人。

經歷：

中國傑出的詩人和散文家。畢業於北京大學，曾擔任清華大學中文系系主任。

著作：

朱自清擅長寫散文，風格清新雋永，感情真摯深刻。著名的作品則有《背影》、《經典常談》、《歐遊雜記》等書。

解構經典　「回憶」（魔法箱）+「靈感」（魔法）→文章　⋯⋯✳

　　這是一篇記敘文。朱自清回憶多年前父親在浦口車站為他送行，照顧他上火車，並且還辛苦的為他爬上爬下去買橘子的種種往事。這些「回憶」，就像是他寫這篇文章的「魔法箱」；而將有關父親幫他買橘子的畫面，變成他寫這篇文章時的「靈感」，就是他的「魔法」，因此創作出一篇象徵傳統父愛的佳作。

　　在文章中，我們可以藉由作者生動的描述，彷彿親眼看見他的父親費力的爬上又爬下的幫他買橘子。作者運用各式各樣的「鏡頭」，就如同攝影師把畫面很細膩的拍下來。例如：

背影的各種鏡頭

【特寫鏡頭】
他用兩手攀著上面，兩腳再向上縮，他肥胖的身子向左微傾，顯出努力的樣子。

【遠景鏡頭】
我看見他戴著黑布小帽，穿著黑布大馬褂，深青布棉袍，蹣跚的走到鐵道邊等。

　　朱自清施展「魔法」將他的記憶（魔法箱），變成寫作時的「靈感」，並且靈活的駕馭各種「鏡頭」，以及生動的文字，寫出一篇情感真切的文章。

✿寫作技巧 ✱

　　如何「挖」出靈感呢？畫面發想是一種很實用的方法喔！接下來我們便以《背影》一文為例子，來練習各種不同層面的發想。

步驟 1　回憶的尋找→呈現的畫面

　　以「背影」一詞來做發想，從你的記憶中去尋找，找到你所想到的畫面。例如：

回憶的尋找	呈現的畫面
阿公駝著身體彎著腰的背影	老人家多半是駝著身體彎著腰，這些彎腰駝背的景象都是歲月在他們身上所烙印的痕跡。
媽媽在廚房炒菜的身影	媽媽為了一家人的三餐，常常在廚房忙進忙出。

　　當你回想這些背影（畫面）時，你的「靈感」也漸漸的在腦海中成長、茁壯中。

步驟 2　畫面的發想→內心的感受

　　以「背影」一詞做發想，就你所想像到的畫面，來抒發內心所產生的感受。例如：

畫面的發想	內心的感受
阿公駝著身體彎著腰的背影	憐惜的心情
媽媽在廚房炒菜的身影	感激的情感

步驟3 內心的感受→總結的象徵

以「背影」一詞來做發想，就你內心的感受，去總結歸納它所象徵的動人情懷。例如：

畫面的發想	內心的感受	總結的象徵
阿公駝著身體彎著腰的背影	憐惜的心情	晚輩對長輩的愛
媽媽在廚房炒菜的身影	感激的情感	親子之間的愛

經由這三個步驟推衍，你是否發現可以發想出來的「靈感」有好多呢？這些運用「魔法」從「記憶（魔法箱）」中所挖掘出來的「靈感」，經過適當的選擇之後，就可以成為我們寫作的主題喔！

【練習】

現在就請同學就「背影」這個主題，依照上面的模式，來完成練習。

背 影

1 畫面的發想

2 內心的感受

3 總結的象徵

參考答案

1　畫面的發想
　　爸爸提著公事包的背影

2　內心的感受
　　感謝珍重的心情

3　總結的象徵
　　親子之間的愛

✿作家換你當

背影

思路一・回想背影，找出主題

請回憶哪個背影讓你印象深刻？

思路引導

當你在回想有關「背影」的記憶時，有哪些回憶是讓你印象最深刻的？

思路二・描寫背影，突顯特點

請你仔細描寫這個「背影」。

思路引導

這個「背影」是誰呢？他正在做什麼呢？有哪些特點呢？

思路三·深化主題，點出感動

請你思考你對這個「背影」的印象。

思路引導

為什麼這個「背影」讓你印象深刻呢？它帶給你什麼樣的感受呢？《感受（抽象）→反應（具體）》

思路四·總結全文，感觸體悟

請你寫出這個「背影」的深刻意涵。

思路引導

這個「背影」帶給你什麼樣的感想？你對這個「背影」又有哪些啟發與體會呢？

背影

經由上述的思路引導，請將它化為優美的文字，清楚的表情達意成一篇優美的文章。

❀ 作品觀摩 《蔣宛儒‧老師的背影》 ⋯⋯⋯⋯⋯⋯✳

　　從我出生到現在，看過許多人的背影，令我最深刻的背影莫過於（「班導傷心離去的背影」）。

　　記得那一天，我們班發生了很多事，例如：上課看漫畫、帶違禁品到（學）校，所以班導非常生氣。

　　午休時班導（語重心長的）跟我們說：「最近發生了許多不好的事，剛剛開始帶我們班時，覺得大家都擁有一顆純真的心，而現在大家都變了，年紀越來越大，自己的行為卻是一點都沒有進步。教你們很累（！），別的老師拉一把，而我卻要拉三把，為什麼你們都那麼不懂事？你們是我帶過最難帶的班，老師也不想再拉你們了，老師累了！」老師說完後，便離去了。看著老師傷心離去的背影，大家都傻住了！

　　隔天早自習，班導的位置一直都是空著，直到英文課時，班導才出現，但不同的是，班導只是來上課，上完課後她一秒也沒停留，馬上離開，（這時我才）依稀想起，班導好像說過：「現在到八一三是件非常痛苦的事，我連來都不想來了。（！）」想到這，心就痛了一下！我們真的做了很多錯事嗎？接下來的幾天都是這樣，早自習沒來，英文課下課一秒也沒多留，漸漸的，大家發現班導真的很傷心，對我們絕望了（！）。

　　時間漸漸久了，班導對我們的態度還是一樣，希望哪一天，班導能快快樂樂的來我們班，也快快樂樂的離去。不（會）再是那個「傷心離去的背影」。

老師講評　　　　　　　　　　　　評分 四級分

● 立意取材 ●

能緊扣題目的需求，並且能就「有形」的背景來發揮「無形」的意涵。以自己在校生活中最常見到的背影，來表達自己真切的感受和看法，是一篇情景交融的佳作。

● 結構組織 ●

組織完善且層次分明。在結構上也能首尾呼應，文意相當完整。

● 遣詞造句 ●

語句平實流暢，平淡的敘述中帶有淡淡感傷，且具有深刻自省的意味。

● 錯別字、格式及標點符號 ●

可多加運用驚嘆號以強調個人感受，更可增加語氣的張力。

賞　析

　　相信同學們看這篇文章時，多少有種熟悉的感受。你是那種會為了老師生氣而感到難過的同學？還是即使老師生氣也無動於衷的同學呢？這篇文章沒有精美的修辭與辭藻，但卻充滿了自我反省的思維。就像文中所寫的「心就痛了一下！」

　　雖然沒有再就「痛」的感受多加描寫，但是那是一種真實的感受，是自我反省的脈動。就那麼短短的一句話，使整篇文章綻放師生之情的光輝。而這也告訴同學們，在寫文章時，如實的表達自己真實的感受，也會讓讀者感到心動的喔！

充充電，思緒更活躍！文思泉湧一瞬間 ……*

一、大家來找碴

×	○
臃有	擁有
傻注	傻住
決望	絕望
語重心常	語重心長
淳真	純真

二、成詞語大補帖

成語	解釋	例句	相似詞	相反詞
形單影隻	形容孤單無依的樣子。	看見他那形單影隻的畫面，真讓人不禁同情他的遭遇起來。	孑然一身 形影相弔 孤形（身）隻（單）影	儷影雙雙 五代同堂 五世同堂
儷影雙雙	原來是用來形容一對對的情侶或是夫婦的身影，後來則用來形容情人或夫婦感情非常好，形影不離的樣子。	在花前月下的美景中，常見儷影雙雙的情侶，非常的浪漫。	比翼連枝	孑然一身 形影相弔 孤形（身）隻（單）影

三、名言佳句大會串

名言佳句	使用情境	出處
她的背影已經慢慢消失在風中，只好每天守在風中任那風兒吹，風兒能夠讓我想起，過去和你的感覺。	與「友情」和「愛情」有關	〈王傑‧她的背影〉
伊的背影，消息在天抹光的街路。消瘦的形影，攏是為著阮的前途。	與「親情」有關	〈翁立友‧媽媽的背影〉
那背影在這麼多年以後，還能夠鮮活的，在我的眼眶中微微顫抖。	任何令你印象深刻的背影	〈黃磊‧背影〉
但我，在你背影守候已久，守候你偶然，回頭的笑容。但我，在你背影守候已久，守候你真心，回頭的笑容。	與「愛情」有關的主題	〈辛曉琪‧在你背影守候〉
有多遠的距離，以為聞不到你氣息，誰知道你背影這麼長，回頭就看到你。		〈林曉培‧心動〉

魔法咒語之5

借題發揮

「聚焦」→ 題目的「重點」⇒ 借題發揮

所謂的「借題發揮」，就是借用某事為題，來說明自己真正的意思。寫作也是如此。看到題目，就你的判斷，選出題目中的重點去發揮，表達自己對這個題目的詮釋與說明。而如何精準的判斷出題目的重點，就是本單元的學習重點。

掌握題目重點 寫出準確文章

在綜藝節目的益智競賽中，通常都會有一種影片題，主持人在提問後，便會說：「答案就在影片中」。同樣的道理，其實文章的重點，就在題目中。看到題目與其東想西想，想個老半天，倒不如在下筆前，精準的判斷出題目的重點，這樣就可以「事半功倍」的寫完整篇文章。

「寫作重點就在題目中！」在【無中生有】單元中，教導同學從題目去作多方面的聯想，使文思源源不絕；在本單元，我們則要學會「聚焦」，將適合的材料聚集起來。就像表演時，舞台的大部分燈光都會「聚焦」在「主角」身上，這樣觀眾才會注意及欣賞到主角的演出。

　　同樣的情況，同學們在寫文章時，也要將內容「聚焦」在「重點」上！這樣讀者才會知道這篇文章的重點。所謂的「聚焦」就是判斷出題目的重點。以《難忘的比賽》為例，題目的重點在於「難忘」，為什麼呢？比賽有千百種也有千百次，但是令你感到「難忘」的，也許就只有那麼一次，甚至沒有！所以，在寫文章時，就要傾全力來描寫這場比賽令人難忘之處，這就是「聚焦」！寫作不但要「聚焦」，而且要「聚焦」在題目的「重點」上，這樣就能寫出一篇符合題旨且又能「借題發揮」的好文章了！

✱ 經典作品賞析 ....✱

《下雨天真好‧煙愁》

一清早，掀開窗簾看看，窗上已撒滿了水珠。啊，好極了！又是一個下雨天。雨連下十天，半月，甚至一個月，屋裡掛滿萬國旗似的濕衣服，牆壁地板都冒著濕氣，我也不抱怨。雨天總是把我帶到另一個處所，在那兒，我又可以重享歡樂的童年。

……

雨下得越來越大。母親一起床，我也跟著起來，顧不得吃早飯，就套上叔叔的舊皮靴，頂著雨在院子裡玩。

……

天下雨，長工們不下田，都蹲在大穀倉後面玩。我把小花貓抱在懷裡，等著阿榮伯把一粒粒又香又脆的炒豆子剝了殼送到我嘴裡。

……

如果我一直不長大，就可以永遠沉浸在雨的歡樂中。然而誰能不長大呢？到杭州念中學了，下雨天，我有一股悽涼寂寞之感。

有一次，在雨中徘徊西子湖畔。我駐足凝望著碧藍如玉的湖水和低斜低斜的梅花，卻聽得放鶴亭中響起了悠揚的笛聲。那是許多年前的事了，笛聲低沉而遙遠，然而我卻仍能依稀聽見，在雨中。……

作品搜尋引擎

【琦君】散文名家

生平：

琦君，本名潘希真，浙江省永嘉縣人，民國六年（西元一九一七年）生，民國九十五年（西元二○○六年）卒，享年九十歲。

經歷：

著名的現代散文作家，畢業於杭州之江大學中國文學系。曾經服務於司法行政部（現已改為法務部），並且在中央大學等校兼任教職。曾獲中山文藝獎、國家文藝獎等獎項。

著作：

作品豐富多樣，有散文、小說及兒童文學等。其中以散文最受矚目，作品風格自然真摯、情感豐富。著有散文集《紅紗燈》、《桂花雨》，以及小說《橘子紅了》等書。

解構經典 判斷題目重點 全力聚焦 ⋯⋯⋯⋯⋯⋯⋯⋯⋯ ✳

　　這是一篇抒情文。琦君在文中追憶兒時下雨天的情景，並且抒發她對雨天的情趣、親友的懷念以及長大後對雨天的感慨等等。細雨綿綿容易使人心煩，但由於作者細膩的觀察與溫馨的筆調，使得下雨天也越加可親可愛起來了！

　　這篇文章的題目是《下雨天真好》，因此，作者將文章的重點，「聚焦」在「真好」這兩個字上面。為了要讓讀者能夠身歷其境的感受到下雨天的「好」，琦君藉由情景的描寫、親友的反應、雨天的樂趣、長大後的感觸，傾力「聚焦」在下雨天的「好」。使得讀者接受作者覺得下雨天「真好」的原因及感受。

下雨天「真好」的多方陳述

【情景的描寫】
「窗上已撒滿了水珠」、「屋裡掛滿萬國旗似的濕衣服，牆壁地板都冒著濕氣」

【親友的反應】
「天下雨，長工們不下田，都蹲在大穀倉後面玩」、「等著阿榮伯把一粒粒又香又脆的炒豆子剝了殼送到我嘴裡」

【雨天的樂趣】
「雨天總是把我帶到另一個處所，在那兒，我又可以重享歡樂的童年」、「套上叔叔的舊皮靴，頂著雨在院子裡玩」

【長大後的感觸】
「到杭州念中學了，下雨天，我有一股悽涼寂寞之感」

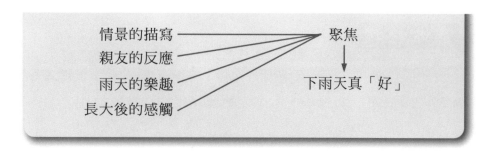

情景的描寫 ── 聚焦
親友的反應 ─── ↓
雨天的樂趣 ──── 下雨天真「好」
長大後的感觸 ─────

寫作技巧

要如何「聚焦」，而且還要「聚焦」在對的地方呢？這可以從題目中的「關鍵字」來著手。所謂「關鍵字」，就是題目中具有「特別」、「重要」意涵的字。

例如：《我最懷念的人》，我們所認識的人有千百種，但是最讓我們「懷念」的人，往往就是我們印象及感受最深刻的人。因此，「懷念的人」和「認識的人」比起來，就「特別」、「重要」許多了！

步驟1 去思考題目

以題目《快樂的一天》為例。我們就可以去思考，一年有三百六十五天，在這些喜怒哀樂的日子當中，總有一個「特別」的日子，讓你感覺到特別的快樂。

步驟2 找出關鍵字

思考之後，「關鍵字」──「快樂」這兩個字，也就呼之欲出了！所以，接下來在文章的鋪陳中，我們可以就「快樂」這兩個字來「借題發揮」囉！

步驟3 用內容聚焦

在鋪陳文章時，我們可以去想，要用哪些內容來「聚焦」在「快樂」這兩個字上面。例如：某一次的生日、慶祝的過程、特別快樂的地方以及心得感想等。這樣就可以成功的「聚焦」在題目中「快樂」這兩個字。

確實遵循以上三個步驟，並且善加運用，相信你一定能「借題發揮」，寫出既符合題旨又能突顯主題的文章。

【練習】現在就請同學就《下雨天的趣味》這個題目，依照上面的步驟，來完成練習。

1 去思考題目

2 找出關鍵字

3 用內容聚焦

 參 考 答 案

1 **去思考題目**
   趣味。

2 **找出關鍵字**
   題目的關鍵字在於「趣味」這兩個字。

3 **用內容聚焦**
   關於下雨天的趣味，可以用情景的描寫、自己及旁人的反應、雨天的樂趣等，來
   「聚焦」在「趣味」之上。

作家換你當

下雨天的趣味

思路一·思考題目，找出關鍵

請你思考題目並找出關鍵字。

思路引導

在你回憶中的下雨天，有哪一次的下雨天具有特別的趣味呢？

思路二·描寫情況，作為聚焦

請你用生動的詞語及優美的修辭來描寫這特別有趣味的下雨天。

思路引導

在這個特別有趣的下雨天，有哪些情景以及旁人的反應等，很值得你描寫下來？

思路三·聚焦題目，突顯特點

請你深入描述這個趣味的特點。

> ### 思路引導
>
> 在這個充滿趣味的下雨天當中，有哪些特別的地方，讓你印象深刻呢？

思路四·總結全文，抒發感想

請你寫出這個「趣味」所帶給你的深層感受。

> ### 思路引導
>
> 這個「趣味」帶給你什麼樣的感想？或者你對這個「趣味」又有哪些啟示呢？

下雨天的趣味

經由上述的思路引導，請將它化為優美的文字，清楚的表情達意成一篇優美的文章。

作品觀摩 《楊忻柔·雨天的趣味》 ⋯⋯⋯⋯⋯⋯ ✱

唏哩嘩啦！啊！突然下起大雨了！怎麼辦？我沒帶雨傘！我只好任憑雨分別打在我的頭上以及地上，乍聽之下還挺有節奏感呢，（！）突然覺得雨天可愛多了！

我彷彿被雨聲的節奏感所吸引住了！隨著雨聲（不由自主的）跳起舞來了！我的腳（用力的）踏在積水上面，水於是濺得我全身都是的，好玩極了！我一邊跳舞一邊唱歌，霎時間，我突然覺得我（自己）應該是全世界最愛下雨天的人吧！

跳著跳著，雨聲慢慢停止了！我抬起頭來看著天空，天空的色彩從黑變藍，並且還出現美麗的彩虹，太陽也露出臉來了！我心想也許是我的歌聲和舞蹈把他們逗開心了！我想天上的雲兒們現在的心情很好，因為他們久違不見的好友——彩虹終於出來了！彩虹也極盡所能的展現它那絢爛的色彩，真是美極了！

我真是喜歡下雨天，因為他真的好可愛。下次下雨時，不妨跳舞唱歌給他們看，他們也許會把他的寶貝——彩虹，給你們看喔！

老師講評　　　　　　　　　　評分 五級分

● 立意取材 ●

作者掌握題目的主旨，寫出一篇充滿想像趣味的文章。並且能充份的「聚焦」在題目中的「趣味」兩字，是一篇「借題發揮」的好文章。

● 結構組織 ●

整體結構完善。隨著雨天的開始和結束，將情景的描寫、景物的變化以及心情的感受，充分且完整的表達出來。

● 遣詞造句 ●

作者善用擬人化的修辭，將太陽、雲以及彩虹予以擬人化，是整篇文章最特別也最成功的地方。但有些文句，如：文中修改的部分，可再多加修飾，以增加文章的力量。

● 錯別字、格式及標點符號 ●

此部分沒有嚴重錯誤，值得鼓勵。

賞　　析

　　這篇文章讓讀者深刻的體會到雨天的「可愛」和「驚奇」之處。一位小女孩在雨中輕快的跳舞的「雨中即景」，被描述得活靈活現，使人看完後，真有股想跑進雨中跳舞的衝動，並且去期待真的是否有奇蹟——彩虹的出現。而這也正是老師會挑選這篇文章的原因——生動、可愛、活潑。同學們在寫此類題材時，也要試著精準的掌握當下心中真實的想法及感受，這樣就能寫出這麼「可愛」的文章囉！

充充電，思緒更活躍！文思泉湧一瞬間 ……*

一、大家來找碴

✕	○
彩紅	彩虹
蹟水	積水
詐聽	乍聽
鬥開心	逗開心
久幃	久違

二、成詞語大補帖

成語	解釋	例句	相似詞	相反詞
狂風驟雨	形容雨勢盛大的樣子。	本來天氣好好的，突然下起滂沱大雨，許多人都成落湯雞了。	傾盆大雨 大雨如注	斜風細雨 和風細雨
斜風細雨	細密的小雨隨著風斜落。用來形容春天煙雨濛濛的情景。	在春天時，斜風細雨的情景，別有一番風味。	和風細雨	傾盆大雨 大雨如注
飄風急雨	急速而又猛烈的風雨。	晚上突然飄風急雨的，街上到處都是垃圾亂飛的畫面。	飄風暴雨 飄風驟雨	和風細雨

三、名言佳句大會串

名言佳句	使用情境	出處
心裡的雨傾盆的下，也沾不濕她的髮。淚暈開名信片上的牽掛，那傷心原來沒有時差；心裡的雨傾盆的下，卻始終淋不到她。寒風經過院子裡的枝椏，也冷卻了我手中的鮮花。	描寫文中人物心情失落，想哭卻哭不出來	〈周杰倫·心雨〉
聽雨的聲音，像悲傷的歌曲。滂沱大雨竟如此的冷清，我陪雨哭泣，雨卻還不肯停，寂寞的人才懂雨的心情。		〈光良·雨〉
空山新雨後，天氣晚來秋。山中一夜雨，樹杪百重泉。夜來風雨聲，花落知多少。春潮帶雨晚來急，野渡無人舟自橫。	描寫雨的情景	〈王維·山居秋暝〉 〈王維·送梓州李使君〉 〈孟浩然·春曉〉 〈韋應物·滁州西澗〉

魔法咒語之6
左右逢源

「水源」（文章的材料）→「小支流」（文章的段落）⇒ 大海（整篇文章）

　　所謂的「左右逢源」，是指左右兩處都能夠得到水源。也指學習道理有所收穫，即可得心應手，取之不竭。當我們寫作時，如果也能文思泉湧的話，自能「左右逢源」，得心應手。

運用豐富材料 依序寫成文章

　　寫文章時，要如何「左右逢源」呢？同學們可別誤會成寫作文時，左看看右看看的，藉此找寫作的靈感和素材。「左右逢源」指的是在寫作文時，你的思緒像是大海一樣，是具有豐沛的水源；又像所有的小支流，很有條理的流入大海一樣。所謂「水源」是指文章的材料；「小支流」則指文章的每個段落。用每個段落來循序漸進的完成整篇文章的內容。

　　在這個單元中，我們要來學習的是，將材料以很有邏輯及條理的方式，依照段落順序排列出來。這時我們可以發揮【從無到有】和【借題發揮】的功夫，來將我們從題目所判斷出來的重點，以及所想到的

靈感，轉變成「材料」。有了「材料」，我們就要去想如何將這些「材料」，以最適合最完美的方式呈現出來。

　　媽媽炒菜時，會先把蔥、蒜之類的東西加以爆香！等香味出來之後，才會把菜放進去炒。寫作文也是如此，要先將一些材料放進去「爆香」，香味出來了！再把主要材料放進去，這樣就可以完成一篇佳作了！例如《一場音樂饗宴》，適合用來先「爆香」的材料通常是介紹及說明的部分。如果是《難忘的一首歌曲》，又有哪些材料是適合來「爆香」的呢？好比說：這一首歌是在何時何地所聽到的？其中的內容是如何呢？經過你的陳述，香味已經四溢了，接下來就是打鐵趁熱，說明有哪些地方令你印象深刻？你對這首歌又有哪些感想呢？只要把這些材料依照段落加以鋪陳出來，一篇熱騰騰的好文章就這麼輕鬆誕生囉！

經典作品賞析

《飲水思源．鼎盧小語》

深山裡，田間溪邊住著一位老人。……

有一天，他多賺了幾塊錢，欣喜之餘，對著搗米用的杵、臼，生出了感激之情，他對著搗米的杵喃喃地訴說自己的感謝。……

有一天，他突然發現杵的工作是由水車轉動所致……。要是沒有水而只有水車，跟只有米沒有火煮一樣沒有用，所以要拜就拜水啊！

到水源地方去的路程，出乎意外的遙遠，因為大河源於小溪，小溪來自高山……。

皇天不負苦心人，老人果然找到了水源。

……可是一連多天的雨，使老人遲遲不能啟程，他有點悶悶不樂……然而就在這一剎那間，他突然領悟了，甘霖乃是自天而降，一切都是天賜神恩。他的心底響起了歡呼。

我們做人，也正如同這位感恩的老人，生活的圈子裡，有父母、兄弟、朋友，還有許多陌生人。若要生命像豐收的地，就該一層層地找出那最重要的關鍵。尋找的過程，乍看是一種愚昧的浪費，其實卻是寶貴的經驗。

人的一生，就是上天與社會的賜與，所以一個人做人做事該當飲水思源，滿懷感激。不但要感謝，更要發揚光大，否則就白費了一生。

作品搜尋引擎

【藍蔭鼎】散文名家

生平：

臺灣宜蘭縣人，民國前九年（西元一九〇三年）生，民國六十八年（西元一九七九年）卒，享年七十七歲。

經歷：

國際知名的水彩畫家。晚年時以著述散文的方式，將他深刻豐富的人生經驗，化為具體的文章表達出來。

著作：

文章風格清新純樸，意味深長。作品有散文集《鼎盧小語》、《鼎盧閒談》，以及畫冊《畫我故鄉》等書。

解構經典　依序循序漸進 有條不紊

　　這是一篇記敘兼論說文。內容是敘述一位老人如何尋找水源的故事，作者在文中表達出對飲水思源的看法，及點出飲水思源的重要性！

　　藍蔭鼎在文中，依序的寫出老人如何找到水源，又如何體悟到一切都得感謝上天的賜與。很有順序及條理的寫成這篇文章。前面敘述老人尋找水源的過程，可以說是作者在運用這些材料來「爆香」，接著「主菜」就要上場了，這道「主菜」就是作者對飲水思源的看法，以及他對這個主題所下的結論。

　　總括來說，這篇文章的「水源」（文章的材料）是指老人飲水思源的故事，以及作者對這個故事的看法與感想；而「小支流」（文章的段落）記敘老人體會到飲水思源的過程以及作者對飲水思源的看法。結合這些材料及段落，匯流成大海（整篇文章）。

✿寫作技巧

透過【無中生有】和【借題發揮】的功夫，我們可以找出寫作的材料。接下來，再將這些材料變成涓涓的小細流，搭配合適的安排與引導，最後匯流成一篇完整的文章。

步驟*1* 準備「爆香」

以題目《難忘的一首歌曲》為例。我們來想想看，有哪些材料是適合來「爆香」的？例如：這一首歌是在何時何地所聽到的？其中的內容是如何呢？

步驟*2* 「主菜」上場

接下來，我們就要將「主菜」放進鍋裡大炒一番囉！例如：這首歌曲有哪些特別的地方呢？或者讓你最印象深刻的地方呢？這首歌帶給你哪些感受與啟發呢？

善用這兩個步驟，相信當你在寫作文時，必能「左右逢源」，得心應手。

【練習】現在就請同學就《一場音樂饗宴》這個題目，依照上面的步驟，來完成練習。

1　準備「爆香」

2 「主菜」上場

 參 考 答 案

1 準備「爆香」
　(1)參加這場音樂饗宴的原因
　(2)這場音樂饗宴的時間和地點
　(3)參加這場饗宴前的心情

2 「主菜」上場
　(1)描述這場音樂饗宴過程中，令你印象深刻的地方

❈ 作家換你當

一場音樂饗宴

思路一 · 依據題目，找出主題

請你依據題目並找出適合的主題。

思路引導

為什麼會參加這場音樂饗宴？

思路二 · 描述內容，爆出香味

請你介紹這場音樂饗宴的內容。

思路引導

這場音樂饗宴的內容及過程為何？有哪些人事物是很值得介紹出來的？

思路三 · 主菜上場，突顯精彩

請你深入描述這場音樂饗宴的特點。

思路引導

在這場音樂饗宴當中，有哪些特別精彩的地方，讓你印象深刻呢？

思路四 · 回想主題，寫出感想

請你寫出這場音樂饗宴所帶給你的啟發體悟。

思路引導

這場音樂饗宴帶給你哪些感想？你從這場音樂饗宴中，獲得哪些啟發與體悟？

一場音樂饗宴

經由上述的思路引導，請將它化為優美的文字，清楚的表情達意成一篇優美的
文章。

作品觀摩 《鄧雅婷・一場音樂饗宴》

今天上午是六年級的校外教學，這次的校外教學十分特別，因為不像中、低年級去參觀某一個地方，而是去欣賞國樂。中山堂就是我們要去的地方，而今天為我們表演的單位就是台北市立樂團。

在欣賞國樂中，有一首曲子令我一聽就愛上它了！那就是映中鳥。這首曲子的聲音是清脆的、是嘹亮的。而且（還）有各式各樣的演奏方式，例如有包括六七個音階；有的只是一個聲音，圓潤而不覺其單調，簡直是一派和諧的交響樂。在吱吱喳喳的鳥叫聲中，不知不覺手錶的時間也跟著一分一秒的度過了！在鐘錶滴答滴答的聲音下，國樂團已經表演到第五首曲子了。第五首曲子是我最難忘的一首曲子——春曉。我心裡在想春曉是一首唐詩（，）怎麼會用樂器來演奏呢？沒錯！國樂團的確用樂器來詮釋春曉這首詩，而且還表演了春曉的改編版。

當我聽見這首春曉時，彷彿置身在春曉的優美詩境中，那首音韻和諧的旋律，有如春天大地和諧的景像，（：）那黃鶯出谷的圓潤聲響，正符合了詩中「處處聞啼鳥」的一片圓潤的鳥啼聲；那時而悠揚時而低抑的聲調，彷彿夜裡的的雨聲，時而大聲時而小聲，彷彿墜落玉盤的珍珠。最後溫柔而美妙的結尾，讓人聽了有種「餘音繞樑」的感受。就像詩中的「花落知多少？」一樣，讓人不禁沉浸在春天的美景和想像中。

這次的校外教學是我這輩子最有意義的一次校外教學，不僅讓我認識我們的中華文化，更讓我享受了一場美妙的音樂饗宴，希望下次還有機會再次聆聽如此動人美妙的樂音。

老師講評

● 立意取材 ●

作者能夠依據題目，選擇適合的材料，並且能以循序漸進的結構，來鋪陳整篇文章。

● 結構組織 ●

整篇文章結構完整，並且能突顯整場饗宴中，最精彩的部分，使得文章更具深度與層次感。

● 遣詞造句 ●

在遣詞造句的部分，作者在第三段的描寫最為生動，將音樂與詩境完全的結合在一起。並且仿效白居易琵琶行的修辭，來形容音樂的動聽感人，可以說是很有創意的運用。

● 錯別字、格式及標點符號 ●

注意分號的使用。

賞　析

　　這是一篇情景交融且時空交錯的文章。雅婷同學精確且優美的運用摹寫修辭，將美聲描摹得淋漓盡致，再搭配優美的詩境、豐富的想像力，真的讓讀者猶如置身在一場美不勝收的音樂饗宴。同學們在寫有關聽覺之類的素材時，可以以這篇文章為範文，好好揣摩相關的寫作技巧。

充充電，思緒更活躍！文思泉湧一瞬間 ……*

一、大家來找碴

✕	◯
幽揚	悠揚
低仰	低抑
餘音繞樑	餘音繞梁
潦亮	嘹亮
響宴	饗宴

二、成詞語大補帖

成語	解釋	例句	相似詞	相反詞
餘音繞梁	原是形容餘音環繞房屋旋轉不停。現在多用來形容音樂美妙生動，令人餘味不盡。	聽著愛樂電台所播放的古典音樂，真讓人有種餘音繞梁的享受。	繞梁三日 繞梁之音 餘音嫋嫋	
流魚出聽	形容音樂非常美妙動人，即使魚兒也都浮出水面來傾聽。	這場音樂饗宴，非常的美妙動人，真可說是「流魚出聽」。		嘔啞 嘲哳
迴腸蕩氣	形容音樂或文辭非常感人。	聽完現場演奏的交響樂，那磅礴的氣勢，真令人迴腸蕩氣。	蕩氣回（迴）腸 迴腸傷氣	

三、名言佳句大會串

名言佳句	使用情境	出處
子在齊聞韶，三月不知肉味。	形容音樂的動聽	《論語·述而》
三日不彈，手生荊棘。	形容對音樂的熱情	曹雪芹《紅樓夢》
陽春之曲，和者必寡。	介紹音樂的種類及影響	范曄《後漢書》
治世之音安以樂，亡國之音哀以思。		《禮記·樂記》

魔法咒語之7
言之有理

推正 ＋ 推反 → 得出結論

　　所謂「言之有理」是指所說的話自有道理。當我們在表達自己的看法，或者闡明自己的論點時，就需要清楚的邏輯與有力的證據。好的文章，尤其是一篇好的論說文，更需要「言之有理」，這樣文章才會有力量，論點才能清楚，讀者才會信服。

靈活運用正反 兩面論述更有力

　　名偵探柯南是很多同學喜歡看的漫畫，在故事中，柯南辦案最主要的技巧，就是藉由邏輯推理的方式來找出真兇。所謂的「推理」就是一種具有邏輯的思考方式。從已經知道或假設的前提來推求結論，或者也可以由答案結果，反過來推求它們的理由及根據。像這種由因求果、或者由果推因、由現象來歸納原理，用原理來說明現象等等的思考活動，都可以說是「推理」。

　　而在文章當中，要如何「推理」呢？簡單來說，就是透過「正」、「反」兩面來論述。例如：題目是《上網的經驗談》，我們從「正」、

「反」兩面來闡述。「正」——指的就是上網的「好處」，像上網可以幫我們找資料、認識新網友等等；「反」——指的就是上網的「壞處」，像上網可能會使電腦中毒，或認識騙財騙色的網友等等。接著，我們就可以從這「正」、「反」兩面的論述，得出結論——上網有利也有弊，要善加運用它的好處，謹慎使用以避開它的壞處。

從以上的舉例，我們可以發現，文章的主題經由兩種不同角度的推理之後，能擴展文章的廣度，加深文章的深度，使得文章的脈絡更具有邏輯及延展性喔！

經典作品賞析

《花不全是香的‧文華集
——讀者文摘中國作家文選》

　　不知何時，小孫兒扯住我的衣袖，不停的搖動，他的另一隻小手指著一叢紅豔的杜鵑。我楞了一下。「哪個花？哦！這是好看的，不用香。」

　　「花都應該香的嘛！」他不服氣也不滿意嘟起了小嘴。

　　人是自然的產物，也和大自然中其他的生物一樣各具特色，這個人適合統領三軍，那個人精於舞文弄墨，各有天賦，各有使命。

　　人若能知道植物花草的特長，加以妥善運用，不僅能使斗室生輝，更能美化生命，使之燦爛輝煌。就像在春梅開時踏雪尋梅，採得好花瓶中養，伴我書聲琴韻，共度好時光。

　　人之用人，也有異曲同工之妙。善用人者，不但能認清別人的特點，更能予以機會發揚光大。這種知人的智慧，也就是古人稱頌的知己，所以伯牙絕弦於鍾期，仲尼覆醢於子路，都是嘆知音的難得。伯樂求千里駒，是相得益彰。

　　一個明是非的人不會過分要求。要求一個工人做音樂演奏，或請一個牧童做學術講演，就像要杜鵑展示幽蘭的氣質和芬芳，或含羞草表現松柏的勁拔一樣，都是不可能的。

作品搜尋引擎

【藍蔭鼎】散文名家

生平：

臺灣宜蘭縣人，民國前九年（西元一九〇三年）生，民國六十八年（西元一九七九年）卒，享年七十七歲。

經歷：

國際知名的水彩畫家。晚年時以著述散文的方式，將他深刻豐富的人生經驗，化為具體的文章表達出來。

著作：

文章風格清新純樸，意味深長。作品有散文集《鼎廬小語》、《鼎廬閒談》，以及畫冊《畫我故鄉》等書。

解構經典　利用正反敘述 增加深度 ⁕

　　本篇為論說文。作者由於小孫子的一句話：「花都應該香的嘛！」開始去思考滿庭的花草各有特色，幾乎沒有一樣的。就如同每個人，各具特色及天賦，只要善加運用，就能綻放生命的精彩。

　　在本文中，作者運用推理的技巧。從花的不同特色，推理到人各具特質。每個人有自己的優缺點，最後得到結論——明是非的人，是不會做過分的要求。由花到人，由小到大，再由個人特質推到待人處事。循序漸進層層推進，是一篇極成功的推理的代表作。

	正　花都應該香的嘛！		
花 ⇒		⇒ 人是自然產物，各有天賦，各有使命。	⇒ 人之用人，也有異曲同工之妙。
	反　花不全是香的！		

花 ————————————→ 人

個人特質 ————————→ 待人處事

❋ 寫作技巧

步驟 1 掌握中心論點

　　運用推理的技巧時，一定要先想好推理的主體，也就是文章中的中心論點。在之後的推理過程中，一定要牢牢抓緊這個主題，依照正反方向，循序漸進、層層逼進的去做推理。

步驟 2 依據正反方向去發揮

　　《花不全是香的》這篇文章當中，作者因為孫子的一句話：「花都應該香的嘛！」，開始思考「花」的特性，進而從正反的兩個方向作推理，正：「花都應該香的嘛！」。反：「花不全是香的！」開始去作推理，並延伸到「人」的特質——「人是自然產物，各有天賦，各有使命。」最後，推出結論——「人之用人，也有異曲同工之妙。」

　　照這種方式推理下來，文章結構分明，論點更加清楚，也更具說服力，這就是一種非常成功的推理啊！

【練習】現在請同學就《我從同學身上學到的事》來運用推理的方法，首先掌握文章的論點，再依據正反方向來推理。

我從同學身上學到的事

1 在同學哪些正面的行為中，可以學到有意義的事情？

2 在同學哪些反面的行為中，可以學到有意義的事情？

參 考 答 案

1 在同學哪些正面的行為中，可以學到有意義的事情？

……在與同學一起比賽時，讓我學到了團隊精神。想著當初常常犯規的我，經過我朋友的魔鬼訓練後，犯規次數減少了，而且進球率也增加了！真要感謝朋友讓我嘗到勝利這種又甜又帶點酸的滋味，真是謝謝你們！

2 在同學哪些反面的行為中，可以學到有意義的事情？

……有一天在班上發生了一件事情，一群調皮學生搶了別人的糖果並且丟在地上踢，我那時起了憐憫之心，去安慰那位學生，並制止那些惡搞的調皮蛋，發揮了隱藏在心中多年的正義感。

作家換你當

我從同學身上學到的事

思路一‧依據題目，擬定主題

請你根據題目來選擇適合的主題。

思路引導

在與同學相處的經驗當中？有哪些經驗讓你學到重要的道理呢？

思路二‧正面經驗，推出意義

請你敘述這次正面的經驗以及所帶給你的意義。

思路引導

這次正面的經驗的過程為何？你學到哪些重要的道理呢？

思路三‧反面經驗，推出意義

請你敘述這次反面的經驗以及所帶給你
的意義。

思路引導

這次反面的經
驗的過程為
何？你學到哪
些重要的道理
呢？

思路四‧總結歸納，首尾呼應

請你針對從同學身上所學到的事情下結論。

思路引導

在與同學相處
的過程中，你
覺得最重要的
事情是什麼
呢？

我從同學身上學到的事

經由上述的思路引導，請將它化為優美的文字，清楚的表情達意成一篇優美的文章。

作品觀摩　《莊程勛・我從同學身上學到的事》 ········ *

　　自從認識了班上的一位同學，我從他的身上學到了許多待人處事的道理。

　　每當他跟別人聊天時，他的臉上總是綻放出陽光般的笑容，說話總是溫順，讓人感覺非常舒服。我的個性跟他簡直是南轅北轍，我的脾氣很差，經常動不動就罵人，所以人緣不太好，因此我常常透過跟他談天的方式，慢慢學習到做人的技巧。尤其是尊重這件事，當你尊重別人，別人相對的也會尊重你。

　　有一天，在班上發生了一件事情，一群調皮的學生搶了一位同學的糖果，並且丟在地上踢，當下我對那位同學起了憐憫之心，我過去安慰那位同學，並制止那些惡搞的調皮蛋。我發揮了隱藏在心中多年的良心，為他打抱不平、伸張正義，從此他跟我成為好朋友，並且贏得別的同學對我正面的評價。我很感激班上的那位同學，他讓我的脾氣有了一百八十度的轉變，也讓我得到連金錢都買不到的東西，這是非常珍貴的經驗。

　　朋友如同一本書，能讓我學習到自己個性不足的地方；朋友如同一扇門，能讓我開啟不同的視野，讓我的世界更加寬闊。

老師講評

評分 六級分

● 立意取材 ●

作者能依據題目，選擇自身的生活經驗為題材，感受真摯深刻。

● 組織結構 ●

文章結構嚴謹，每段的重點都很清楚。

● 遣詞造句 ●

文句平實通順，在平凡中帶有真實深切的情感。

● 錯別字、格式及標點符號 ●

使用得宜，無嚴重錯誤。

賞　析

　　當同學們讀這篇文章時，尤其是看到裡面所敘述的情節，多少會引發你心中的共鳴。而這也是這篇文章成功且值得借鏡的地方。當我們在下筆時，常常為了不知要找哪些材料而苦惱不已。其實「落花水面皆文章」，同樣的道理，你們身邊的人事物的點點滴滴，都是很適合做為取材的範圍。像程勛同學的取材就是來自於自己班上發生的事情，雖然沒有華麗的辭藻，但是作品風格自然質樸，情感真摯動人，自然就可自成一篇佳作喔！

搞定寫作

充充電，思緒更活躍！文思泉湧一瞬間 ……*

一、大家來找碴

✕	○
慘擔	慘澹
樣起	漾起
心非	心扉
銳變	蛻變
溶入	融入
坎坎而談	侃侃而談
潦闊	遼闊

二、成詞語大補帖

成語	解釋	例句	相似詞	相反詞
益者三友	孔子認為對自己有幫助的朋友有三種類型（友直、友諒、友多聞。）	朋友有很多種類型，但是益者三友，我們要慎選對我們有好的影響的朋友。	良朋益友	豬朋狗友 酒肉朋友
損者三友	對自己有害的朋友有三種，包括善於迎合人意、善用媚態勸誘人、花言巧語且過於謙恭者。	損者三友，我們要小心選擇我們所交往和學習的對象。	豬朋狗友	良朋益友 益者三友 刎頸之交 生死之交 莫逆之友
酒肉朋友	只知道在一起吃喝玩樂，但不能相互學習、共渡患難的朋友。	在酒肉朋友的身上，我們學不到對我們有益的事情。		

三、名言佳句大會串

名言佳句	使用情境	出處
共君一夜話，勝讀十年書。		南宋·朱熹《朱子語類》
他山之石，可以為錯。		周《小雅·鶴鳴》
見賢思齊焉，見不賢而內自省也。	說明交到好友的益處	孔子《論語·里仁》
見善如不及，見不善如探湯。		孔子《論語·季氏》
見善則遷，有過則改。		周《易經》〈益卦〉

魔法咒語之 8
有感而發

感受＋想法＋反應 → 真摯情感

所謂「有感而發」是指有所感觸而將它表達出來。在我們的生活中，不管大大小小的事情，或多或少心中都有所感觸，我們寫文章時，若能將心中的感觸，變成寫作的靈感，再加上生動的詞語、周全的敘述、優美的修辭，如此「有感而發」，必能創作出一篇情感真摯且豐富的好文章。

感受‧想法‧反應 三者齊用更感人

同學們都有過考試的經驗。假設你的數學考試得了 65 分，你覺得這個 65 分真是得來不易，因為是你臨時抱佛腳或者是很努力的準備才得來的分數。所以，當你覺得這個成績很好的話，你的反應可能會非常的開心；如果你認為這個成績還不夠理想的話，你可能會更加努力；或者你覺得這個成績與你的努力不成正比的話，你也許會很難過，甚至不想再努力學習數學等等。總之，不同的情緒會帶來不同的看法及反應。

其實這些「感受」、「想法」及「反應」，都是寫作時的好材料及靈感。我們姑且稱它為「心情寫作三元素」：

元素一：感受（即感覺、領會）。

元素二：想法（對事物的看法、意見）。

元素三：反應（即由刺激所引起的行為）。

例如：某天在學校時，你的手機不見了！反應快的你，趕快打電話到電信公司申請停話，即使如此，你的心情還是非常的憂慮，而且整天為此悶悶不樂的。在回家的路上，你一想到這件事被父母知道的話，一定會被罵！想著想著，你忍不住哭了出來！

在這一段的敘述當中：

（一）感受：是「心情非常的憂慮」、「悶悶不樂」。

（二）想法：則是「一定會被罵！」。

（三）反應：則有「打電話到電信公司申請停話」、「忍不住哭了出來！」。

因應情境不同，「感受」、「想法」及「反應」相互影響，變化萬千！在寫文章時，如果能精準的掌握「心情寫作三元素」，相信一定能寫出一篇扣人心弦、感情真摯深刻的好文章，必能讓讀者有感同身受的體驗喔！

經典作品賞析

《下雨天真好．紅紗燈》

一清早，掀開窗簾看看，窗上已撒滿了水珠。啊，好極了！又是個下雨天。雨連下十天，半月，甚至一個月，屋裡掛滿著萬國旗似的濕衣服，牆壁地板都冒著濕氣，我也不抱怨。雨天總是把我帶到另一個處所，在那兒，我又可以重享歡樂的童年。那些有趣的好時光啊，我要用雨珠的鍊子把它串起來，繞在手腕上。

……

我穿著叔叔的舊皮靴頂著雨在院子裡玩，雨下得越來越大，水溝裡的水滿了，我拿著長工給我的小木船，放在水溝，小木船隨著水向前流，我在爛泥地裡吱嗒吱嗒地踩著水。

現在每到雨天時，我都會有一股淒涼寂寞的感覺，有一次，我在雨中徘徊在西子湖畔，我停下腳步看著碧藍如玉的湖水，和低斜的梅花，卻聽到放鶴亭中悠揚的笛聲，使我懷念起童年的種種趣事，讓人真是回味無窮。

作品搜尋引擎

【琦君】散文名家

生平：

本名潘希真，又名希珍，浙江省永嘉縣人。生於民國六年（西元一九一七年）生，卒於民國九十五（西元二〇〇六年），享年九十歲。

經歷：

琦君是著名的現代散文作家，畢業於杭州之江大學中國文學系。曾經服務於司法行政部（現已改為法務部），並且在中央大學等校兼任教職。曾獲中山文藝獎、國家文藝獎等獎項。

著作：

琦君的作品豐富多樣，有散文、小說及兒童文學等。其中以散文最受矚目，作品風格自然真摯、情感豐富。著有散文集《紅紗燈》、《桂花雨》，以及小說《橘子紅了》等書。

解構經典 運用心情寫作三元素，表達更真實 ⋯⋯⋯ ✽

　　本篇文章選自《紅紗燈》。作者回憶在童年時有關雨天的回憶。琦君藉由兒時記憶中，一段段有關兒時雨天的故事，來表達她對雨天的回憶，並藉此重溫兒時的快樂時光。文章充滿有趣的兒時情懷、溫暖的人情世故，在文章結尾的地方，也抒發她對於兒時快樂不再的愁緒。

　　在這段文章中，琦君充分的掌握「心情寫作三元素」。對雨天的「感受」是開心溫馨的；對它的「看法」是即使雨天讓家裡濕漉漉的，她也不會抱怨，反而又讓她重溫兒時雨天的記憶。而對雨天的「反應」則是要用雨珠串成鍊子，繞在手腕上。藉此回憶起兒時雨天的點點滴滴。

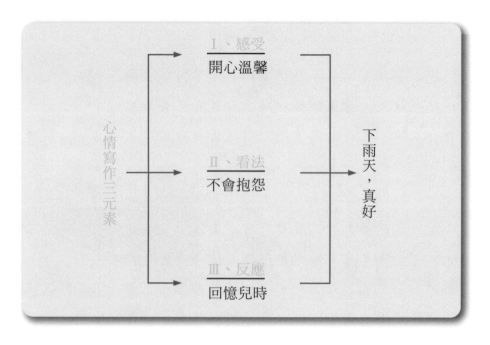

心情寫作三元素

Ⅰ、感受
開心溫馨

Ⅱ、看法
不會抱怨

Ⅲ、反應
回憶兒時

下雨天，真好

❋寫作技巧 ⋯⋯⋯⋯⋯⋯⋯⋯⋯⋯⋯⋯⋯⋯⋯⋯⋯⋯⋯⋯ ＊

步驟1 確定主要題材

開始運用「心情寫作三元素」前，先確定好主題，它可能是與主題有關的人、事、物，確定好主題之後，就可以開始進行心情寫作。

步驟2 運用「心情寫作三元素」

在《下雨天真好》這篇文章當中，作者先確定好主題為下雨天，於是開始運用「心情寫作三元素」──「感受」、「看法」、「反應」。最後，推出結論──「下雨天，真好。」

善用「心情寫作三元素」，可以很完整且真實的將自己內心的悸動以生動的筆觸抒發出來，並且經由情節的敘述，必能使讀者有身歷其境的感受喔！

【練習】現在，換大家試試看。依照「心情寫作三元素」的模式，完成下列的各題。（每題至少 1 個答案）

月考成績退步了！

1 你的感受是⋯⋯

2 你的看法是……

3 你的反應是……

1 你的感受是……

當我看到我的數學分數竟然只有 65 分時，感到又難過又憤怒！為什麼只有 65 分呢？

2 你的看法是……

這怎麼可能呢？是老師算錯分數了嘛？我明明很努力的準備！

3 你的反應是……

我不相信自己是個只能考區區六十幾分的人，下次考試一定要更努力！考到八十分以上我才甘心！

❀ 作家換你當

下 雨 天

思路一‧依據題目，選定主題

請你依據題目來選擇寫作主題。

思路引導

在雨天的記憶當中，有哪些記憶讓你到現在還念念不忘呢？

思路二‧回憶記憶，描述過程

請你敘述關於這次下雨經驗的過程。

思路引導

這次下雨中間的過程為何？其中又有哪些特點？

思路三· 發揮聯想，表達反應

請你思考這次的特殊經驗或雨天對你的影響。

思路引導

這些有關雨天的記憶，引發你哪些反應呢？

思路四· 總結感受，呼應主旨

請你對下雨天的經驗下總結。

思路引導

下雨天帶給你哪些感受、看法及反應呢？你又有哪些心得或體悟呢？

下雨天

經由上述的思路引導，請將它化為優美的文字，清楚的表情達意成一篇優美的文章。

❋作品觀摩　《蔣岳霖・下雨天》　⋯⋯⋯⋯⋯⋯⋯⋯⋯⋯＊

　　下雨天！下雨天來了！！一般人都不喜歡下雨天，但我對下雨天（，）有特別的意義（感受）⋯⋯

　　還記得小時候，有時在學校上課上到一半時，窗外嘩啦嘩啦下起雨來，這時不想上課的我，就會靜靜的欣賞窗外的雨景。看那雨滴滴在葉片上，濺起朵朵水花，有時看久了，彷彿覺得這些水花是雨精靈，在葉片上跳著舞蹈，好像好久沒來到人間似的，（高興的）不停的跳著⋯⋯

　　可是當我看的（得）出神時，有個人（卻）無法享受這雨景所帶來的趣味，那就是（——）我的媽媽。只要一下雨時，她就會擔心常常忘了帶傘，甚至還常常搞丟雨傘的我，是否有帶傘呢？以前還在家裡附近上學時，她總是不厭其煩的將雨具送到學校，如今異地求學，每當下雨時，除了還能夠欣賞雨景外，還有一番思念母親之情，真是（「別有一番滋味在心頭」）！

　　其實（，）最美的不是雨精靈的舞姿，而是媽媽曾經因擔心我淋雨，而匆匆忙忙送傘給我的下雨天！

老師講評　評分 五級分

● 立意取材 ●

作者能依據題目，選定適合的主題，並且能深刻的抒發情感。使人讀完後，有種餘味無窮的感慨。

● 結構組織 ●

結構周密，敘述完整，並且能有效的掌握心情寫作的重點。

● 遣詞造句 ●

文句流暢生動，在遣詞造句中，可以感受到作者真實生動的情感。

● 錯別字、格式及標點符號 ●

可多加使用破折號及上下引號，使語意做更深入的延長。

賞　析

　　這是一篇乍看普通但卻耐人尋味的文章。文章中所呈現出來的風格，與目前基測作文的走向不謀而合，不需要多麼精美華麗的詞藻，只需要同學們抒發真切的情感。本文筆觸簡樸中有深情，流暢中帶有感動，藉由雨的美景來象徵人世間最美的情操之一——母子之情。整篇文章層次分明且情感成分逐漸加重，是一篇很有層次感的文章，這樣的寫法很值得在寫抒情類的文章時參考運用。

充充電，思緒更活躍！文思泉湧一瞬間 ⋯⋯*

一、大家來找碴

✕	○
耽心	擔心
不壓其煩	不厭其煩
一翻	一番
稿丟	搞丟
勿勿忙忙	匆匆忙忙

二、成詞語大補帖

成語	解釋	例句	相似詞	相反詞
狂風驟雨	(1)大風大雨。 (2)比喻處境險惡。	即使在狂風驟雨之中，我們依然要堅持目標，努力不懈。	飄風暴雨 飄風驟雨 滂沱大雨	火傘高張
傾盆大雨	形容雨大且急。	在夏日午後，常常下起傾盆大雨來，這就是所謂的西北雨。		
和風細雨	(1)和煦微風、細柔小雨。 (2)比喻態度和緩、不粗暴。	(1)在和風細雨中，能在河中輕舟盪漾，真是人間一大樂事。 (2)這次的會議中，同事們彼此和風細雨的批評這次計劃的效果。	細柔小雨 濛濛細雨	暴風疾雨 暴風驟雨
斜風細雨	細密的小雨隨風斜落。形容春天煙雨迷濛的情景。	在斜風細雨中，我們似乎更能體會到雨中的詩意。		

三、名言佳句大會串

名言佳句	使用情境	出處
草色新雨中，松聲晚窗裡。	描寫下雨後的情景	〈邱為・尋西山隱者不遇〉
空山新雨後，天氣晚來秋。		〈王維・山居秋暝〉
竹憐新雨後，山愛夕陽時。		〈錢起・谷口書齋寄楊補闕〉
山中一夜雨，樹杪百重泉。		〈王維・送梓州李使君〉
夜來風雨聲，花落知多少。	描寫晚上下雨的情景	〈孟浩然・春曉〉
春潮帶雨晚來急，野渡無人舟自橫。		〈韋應物・滁州西澗〉
大絃嘈嘈如急雨，小絃切切如私雨。	以雨聲形容曲調變化	〈白居易・琵琶行〉

魔法咒語之9
刻畫入微

眼睛（視覺）＋鼻子（嗅覺）＋耳朵（聽覺）＋嘴巴（味覺）＋皮膚（觸覺）

　　所謂「刻畫入微」是用來形容文章或繪畫的描摹非常的栩栩如生。在畫畫時，我們可以運用顏料及技巧，將筆下的物體描繪得相當逼真。同樣的，在寫文章時，我們也可以運用一些小技巧，來使我們筆下的事物更加生動具體！

善用五種感官發揮描寫效果

　　英國著名劇作家蕭伯納，根據希臘神話故事，以《畢馬龍》之名寫過一齣喜劇。畢馬龍愛上了自己親自雕刻的美女雕像，愈愛她，他就愈努力的雕塑她，結果畢馬龍的美夢成真——雕像變成了活生生的人。

　　其實，成功生動的描寫，同樣能讓筆下的事物「活」靈「活」現。進而帶給讀者身歷其境的感受，以及無限想像的空間，這就是描寫的「魔力」！至於如何掌握描寫的重點，簡單來說，要有敏銳的觀察及感受力。

　　想掌握描寫的重點，就要掌握五種感官的敏銳度。這五種感官分別是：

　　眼睛——掌握視覺

　　鼻子——掌握嗅覺

　　嘴巴——掌握味覺

　　耳朵——掌握聽覺

　　皮膚——掌握觸覺

　　靈活的運用這五種感官，會使筆下的事物更加栩栩如生。例如：「我覺得草莓看起來像紅紅的火，非常的可怕，好像吃進去會很燙很辣的樣子。吃起來感覺酸酸的，裡面的果肉黏黏的，感覺很怪異噁心。聞起來有點農藥味，不像其它的水果聞起來很香。摸起來凹凸不平的，一點兒也不好摸。而且還不能太用力拿，免得被我捏壞了。」

　　「草莓看起來像紅紅的火」：視覺描寫

　　「吃起來感覺酸酸的，裡面的果肉黏黏的」：味覺描寫

　　「聞起來有點農藥味」：嗅覺描寫

　　「摸起來凹凸不平的」：觸覺描寫

　　透過感官精確清楚的描寫，讓讀者印象中的草莓更加「生動」、「立體」！

✿經典作品賞析 ⋯⋯⋯⋯⋯⋯⋯⋯⋯⋯ ✱

《吃冰的滋味・吃冰的另一種滋味》

當時的刨冰機是手搖的，看老闆從木箱中拿出一大塊晶亮的冰塊，軋入刨冰機中，然後飛快地搖轉起來時，那冰屑就像雪花一般，一片一片飛落盤中，俄頃堆積成一座小冰山。老闆再淋上糖水，光看這等光景，已讓人消去大半暑氣，等端在手中，一匙一匙挖入嘴裡，冰花瞬即溶化，溶入舌尖，那種沁涼暢快的感覺，足以將豔陽溶化掉。

這些刨冰的添加物，像四果、粉圓、仙草、愛玉，或色彩鮮豔、或澄澈剔透、或方塊結晶，看起來都足以奪人眼目，令人愛不忍吃。這是傳統冰製品在視覺上的一大發明，讓人在烈日豔陽之下，萌生更多的想像，可以說已達到了藝術的境界。

此外還有一種芋冰，它們裝成大桶，由小販騎著腳踏車沿街四處販賣兜售，小販手上還持有鈴鐺，一路騎來，串串鈴鐺聲響徹街頭巷尾，人人便知是賣芋冰的小販來了，便一哄而上，團團將小販圍住。

作品搜尋引擎

【古蒙仁】散文名家

生平：

古蒙仁，本名林日揚，雲林縣人，民國四十年生。

經歷：

美國威斯康辛大學畢業。曾經當過國家文化藝術基金會的副執行長、中央日報副總編輯。

著作：

曾獲得中國時報文學獎、吳三連文學獎。作品有《黑色的部落》、《同心公園》等書。以及小說《雨季的鳳凰花》等。

❀解構經典　運用感官描寫 增添生動 ⋯⋯⋯⋯⋯⋯⋯ ＊

　　本篇為記敘文。作者回憶童年曾吃過的傳統冰製品，詳實描述它們豐富自然的口味，與令人萌生想像的多樣視覺刺激。在平實清新的筆調中，蘊含了懷舊的情懷，也展現臺灣社會早年樸實的一面。是一篇記敘夾雜抒情的文章。

　　從下列句子可看出作者善用五官描寫的技巧，增添文筆的風采。

吃冰的滋味

關於感官描寫的句子整理 - - - - - - - - - - - - - - - - - - -

【視覺摹寫】

「看老闆從木箱中拿出一大塊晶亮的冰塊，軋入刨冰機中，然後飛快地搖轉起來時，那冰屑就像雪花一般，一片一片飛落盤中，俄頃堆積成一座小冰山。」

「或色彩鮮豔、或澄澈剔透、或方塊結晶，看起來都足以奪人眼目。」

【聽覺摹寫】

「小販手上還持有鈴鐺，一路騎來，串串鈴鐺聲響徹街頭巷尾。」

【味覺摹寫】

「冰花瞬即溶化，溶入舌尖。」

❋ 寫作技巧

步驟 1 決定用何種感官來描寫

　　使用描寫技巧前，我們首先要決定被描寫對象的特質。例如：要描寫番茄時，能列出哪些特性？像是外表是紅澄澄的（視覺上的特色）、表面摸起來非常的光滑（觸覺上的特色）、裏面的果肉吃起來酸中帶甜（味覺上的特色）等等，依照它們的特質和使用的感官來下筆描寫。

步驟 2 再來決定使用何種修辭

　　運用描寫之餘，也可以加上修辭來點綴，使得描寫的內容更加維妙維肖。例如：「那冰屑就像雪花一般，一片一片飛落盤中」這句話是視覺描寫，並且運用譬喻的修辭技巧。「冰花瞬即溶化，溶入舌尖，那種沁涼暢快的感覺，足以將豔陽溶化掉。」這句話是味覺描寫，並且運用誇飾的修辭技巧。

　　以生動的感官描寫配合適當的修辭技巧，就像「彩綢上繡牡丹——錦上添花」。讓筆下事物得以躍然紙上！

練習

現在就請同學就下面的題目來運用描寫技巧，思考它的特性及可用的修辭，來創造出活潑生動的內容。

吃冰

1　視覺描寫

2　嗅覺描寫

3　味覺描寫

4　聽覺描寫

5　觸覺描寫

1　視覺描寫
刨冰像一座小冰山一樣，讓人看了心中頓時涼快起來了！

2　嗅覺描寫
四寶冰聞起來有一股非常濃郁的甜味，使人有種甜蜜豐富的感受。

3　味覺描寫
綿密的泡泡冰吃起來入口即化，心中的熱意也頓時「融化」了不少。

4　聽覺描寫
每當我聽到那刨冰聲時，想要吃冰的心聲，也隨著「唰！唰！」的聲響，越來越大聲！

5　觸覺描寫
每當買到冰淇淋時，總是會輕輕的拿著，深怕太用力，冰淇淋也會跟著手的熱度融化。

✿ 作家換你當 ⋯⋯⋯⋯⋯⋯⋯⋯⋯⋯⋯⋯⋯⋯⋯⋯⋯ ✳

夏天最棒的享受

思路一·根據題目，點明主旨

請你依據題目來點出主旨，並略述理由。

> **思路引導**
>
> 你在夏天最棒的享受是什麼？怎麼說呢？

思路二·敘述經驗，表達感受

請你描述有關主題的經驗。

> **思路引導**
>
> 是什麼樣的經驗，讓你覺得它是你在夏天最棒的享受呢？

思路三・轉換角度，提升層次

請你活用感官描述，寫出你對這個經驗的聯想。

思路引導

這種經驗是否有讓你想到哪些其它的事情？你的看法又是如何呢？

思路四・歸納看法，提出結論

請你歸納你自己的經驗與看法來做結論。

思路引導

對於這些經驗與感受，你的結論是什麼呢？

夏天最棒的享受

經由上述的思路引導，請將它化為優美的文字，清楚的表情達意成一篇優美的文章。

作品觀摩 《李佳宜·夏天最棒的享受》 ✽

　　藍藍的天，白白的雲，再加上一顆火熱熱的大太陽——這就是夏天，如此熱情活力，卻又酷熱難耐。面對炎炎酷暑、一波又一波迎面撲來的熱浪、熱到快要破表的高溫，要對抗這些小惡魔的法寶，那就是——吃冰！

　　在炎炎夏日裡，吃一碗剉冰，那種沁入心脾的清涼，真可說是人生的一大享受！對我來說，冰品除了夏天必備的食品之外，也是我在夏天的「精神糧食」，因為在我心裡，吃冰早就不只是吃吃喝喝的活動而已，而是一種集視覺、嗅覺、味覺、觸覺於一身的享受！

　　當你看著店員從冰庫裡拿出一大塊冰，放入製冰機，一個碗公穩穩的擺在出冰口，打開電源，片片雪花一片一片的飄入了碗裡，身體的熱度也跟著一片一片的降低，不久雪花堆積成一片小山，宛如日本的富士山下雪了！心中的暑氣便已消了大半！再拿起湯匙，挖起一大口冰直入嘴中，哇！瞬間感覺這座冰山的威力，瞬間把我變作「急凍人」！而甜到不行的糖漿，更帶給我滿滿的甜美！夏天，就應該盡情的享受吃冰的快感，否則就辜負了上天的美意。

　　面對越來越酷熱的夏天，那種才是最好的抗熱法寶呢？那就是去吃冰吧！

老師講評　

● 立意取材 ●

作者能依據題目，選擇適合的材料，並且能提升文章深度。

● 結構組織 ●

文章結構有層次，組織完善且緊密。

● 遣詞造句 ●

能善用修辭，使得整篇辭藻更加優美生動

● 錯別字、格式及標點符號 ●

無特別錯誤。

 賞　　析

　　吃冰，其實是一種很平凡的活動。可是，要把平凡的事物化作不平凡的享受，這就得靠表達及寫作的功力囉！像在這篇文章當中，從吃冰平凡的物質享受，提升到感官不凡的享受，宛如一場藝術饗宴般的精緻。在加上傳神的運用修辭來描寫吃冰時種種感受，讓整篇文章多采多姿，洋溢既清爽又甜蜜的神韻，讓人讀完之後，迫不及待想要來一盤剉冰，去體會作者的種種感受，是一篇平凡但又精彩生動的文章。

充充電，思緒更活躍！文思泉湧一瞬間 …… *

一、大家來找碴

×	○
難奈	難耐
銼冰	剉冰
心入	沁入
一棵	一顆
糖槳	糖漿

二、成詞語大補帖

成語	解釋	例句	相似詞	相反詞
炎炎夏日	非常炎熱的夏天。	七月份的考季，很多考生要在炎炎夏日中考試，非常的辛苦。	酷熱夏日	
夏雨雨人	在炎熱的夏日及時雨，讓人感到涼爽。用以比喻及時加恩惠於民眾。	好的福利措施，就像夏雨雨人，讓人民有舒適安穩的生活。	春風夏雨	遍地荒旱久旱不雨
有福同享有難同當	福氣共同分享，苦難一同承擔。即同甘共苦。	當我們在享受時，記得要「有福同享，有難同當」，這樣別人才願意和你一起分享。	有福同享有禍同當	離心離德爾虞我詐

三、名言佳句大會串

名言佳句	使用情境	出處
我們能盡情享受的只是施與的快樂。	說明施與也是一種享受	穆克
節制使快樂增加，使享受加強。	說明節制的功效	德謨克裏特
如果我們不能建築幸福的生活，我們就沒有任何權力享受幸福；這正如沒有創造財富就無權享受財富一樣。	強調「要怎麼收穫就要怎麼栽」的觀念	蕭伯特

魔法咒語之 10
平鋪直敘

1.Who？（有哪些人？）　　2.Where？（何地？）
3.When？（何時？）　　　　4.Why？（為什麼？）
5.What？（有哪些事物？）
6.How？（結果如何？過程如何進行的？）。

　　所謂「平鋪直敘」是用來形容無曲折雕飾，只按次序平淡的敘述。平常我們在敘述一件事情，只須清楚且完整的將前因後果表達出來。當我們在寫作文時，除了按照次序及重點來敘述事情外，當然也可以運用一些修辭的技巧，使得敘述的情節產生波瀾起伏的效果。

善用「六 W」技巧 表情達意

　　所謂的新聞報導，不管是政治、社會案件、明星八卦等等，簡單來說，就是在敘述一件事情的「來龍來脈」。不管主播的播報風格為何，也不管主播是用哪一種語言播報新聞，他們都要遵循一定的規則，這個規則就是——「六 W」。

所謂的「六W」分別是：

1. Who？（有哪些人？）

2. Where？（何地？）

3. When？（何時？）

4. Why？（為什麼？）

5. What？（有哪些事物？）

6. How？（結果如何？過程如何進行的？）。

例如：「昨天（When？）我感到非常的難過，而且有種被羞辱的感覺！因為我們班為了慶祝聖誕節，於是舉辦交換禮物活動（Why？）。為了準備禮物，我費盡心思想了很久，終於想到要送一個非常實用的筆記本來當作禮物（What？）。當我們在教室（Where？）開始交換禮物時，我深信抽中我的禮物的同學會很開心，並且能感受到我的用心。沒想到，當抽中我的禮物的同學一撕開包裝紙（Who？），看到裡面的筆記本時，竟然大聲的說：『好爛喔！我已經有好多筆記本了！』便隨手丟給想要的人，看到那位同學很不屑的態度，我覺得很受傷（How？）……」

從上面的例子，我們可以看到，善用「六W」的技巧，可以將事情的經過很周全清楚的敘述出來。透過「六W」，我們除了可以「表情」——抒發內心的情感，還可以「達意」——清楚表達事件的過程。因此靈巧的運用「六W」，將會使我們成為善於表情達意的寫作達人喔！

✿ 經典作品賞析

《月餅禮盒‧很溫柔的一些事》

通常我是在街上看到他們。夏天，他們全都輕服簡衣、汗溼煩領；冬天，父子三人穿得飽飽實實，頭上戴著一式的毛線帽，而不分四季，總是由父親帶領，一家人乖乖靜靜，魚貫走在和煦冬陽下或炎炎烈日裡。車水馬龍行人雜遝，好一個聲光流麗的繁盛紅塵就在身邊，而他們卻不逛街、不覽物、不留戀、不逃避，循固定路線，持既定秩序，只為晒陽光、只為到戶外、只為應散步、只為父親可以為兒子這樣做，他們就固執地在絢爛街景走出一抹突兀而安靜的蒼灰，從不敢驚擾這世界，也就被這世界冷淡地隔離。

那個瘦小父親沉默而堅定，讓人感覺他是凡事一肩擔，一聲令下，就敢往機槍砲硝交織的火網裡衝闖的那種人。而那兩個傻兒子，臉上永遠書寫著不變的情節，在他們簡單的認知裡，父親帶他們上街這件事，一定意味莫大的嘉獎，那是每一天，隨日升起的期盼。只是那年冬天，我開車經過，透過車窗，看見他們雙雙穿著新亮雪白、適合賽跑、灌籃、跳霹靂舞的遒勁新球鞋，而步伐顯得特別誇張賣力時，曾經獨自在小小車廂裡，心念紛雜得鼻酸眶熱。

作品搜尋引擎
【石德華】散文名家
生平：
石德華，湖南省新寧縣人，民國四十四年生。
經歷：
輔仁大學中國文學系畢業。曾任省立彰化高中、台中女中教師。現在則為專職作家。
著作：
曾獲第二屆梁實秋文學獎文首獎、第三屆中央日報文學獎小說獎第三名。作品有《校外有藍天》、《青春補手》、和《很溫柔的一些事》等。

解構經典 完整掌握六 W 更清楚 ···························· *

　　本篇為記敘文。作者的目光不期然被經常在街上散步的父子三人吸引住，雖然只是路線固定、少有變化的既定行程，從中卻流露出淡淡的溫馨與深沉的親情。作者看到此景，用極富情感和細膩的筆觸，寫出一位堅強的爸爸勇敢而用心的撐起一個家的形象。

月餅禮盒

敘述技巧的句子整理 -

【When？(何時？)】
「不分四季」

【Who？(有哪些人？)】
「總是由父親帶領，一家人乖乖靜靜，魚貫走在和煦冬陽下或炎炎烈日裡。」

【Why？(為什麼？)】
「父親帶他們上街這件事，一定意味莫大的嘉獎，那是每一天，隨日升起的期盼。」
「只為晒陽光、只為到戶外、只為應散步、只為父親可以為兒子這樣做……」

【How？(結果如何？過程如何進行？)】
「他們就固執地在絢爛街景走出一抹突兀而安靜的蒼灰，從不敢驚擾這世界，也就被這世界冷淡地隔離。」

❀寫作技巧

步驟1 掌握用六 W 來敘述

運用敘述技巧時，首先要先構思你所想要傳達的事情的「六W」。這「六W」不一定都要照「人、事、時、地、物」的順序，但是這「六W」基本上大致都要掌握住，這樣才能將事情完整的表達出來。

步驟2 加入感情及看法的鋪陳

像在《月餅禮盒》這篇文章當中，作者加入了自己的看法，並且注入自己的感情。例如：

> 只是那年冬天，我開車經過，透過車窗，看見他們雙雙穿著新亮雪白、適合賽跑、灌籃、跳霹靂舞的遒勁新球鞋，而步伐顯得特別誇張賣力時，曾經獨自在小小車廂裡，心念紛雜得鼻酸眶熱。

在這段敘述當中，作者除了寫出她所「看見」的景象，還抒發自己的內心感受，是一篇「融情於景」的佳作。

除了完整的掌握「六W」之外，適時的加上感情的鋪陳，會使得敘述的段落更加豐富動人！

【練習】 現在就請同學就題目《聖誕節》來運用敘述的技巧，除了掌握事情的「六W」，再加上自己的看法與情感的鋪陳，創作出敘述得宜的文章。

聖 誕 節

1 Who？（有哪些人？）

2 Where？（何地？）

3 When？（何時？）

4 Why？（為什麼？）

5 What？（有哪些事物？）

6 How？（結果如何？過程如何進行的？）

1 **Who？**（有哪些人？）

在聖誕節的那一天，班上同學提議要玩「交換禮物」的活動。

2 **Where？**（何地？）

我們決定在教室裡舉行「交換禮物」的活動。

3 **When？**（何時？）

等到上課鈴聲一響，大家都迫不及待的衝回教室。

4 **Why？**（為什麼？）

因為又驚又喜的「交換禮物」活動，即將開始了！

5 **What？**（有哪些事物？）

只見同學們紛紛將他們準備好的禮物拿出來，並且互相猜測對方的禮物是什麼？

6 **How？**（結果如何？過程如何進行的？）。

當活動進行時，每位同學依照學號，去台上抽禮物。在過程中，有些同學很開心；也有些同學很失望；甚至有些同學還會生氣！因為他們抽到了一些，很沒有「誠意」的禮物。

作家換你當 ⋯⋯⋯⋯⋯⋯⋯⋯⋯⋯⋯⋯⋯⋯⋯⋯ ＊

我愛聖誕節

思路一．根據題目，找出主題

請你根據題目來決定下筆的主題。

思路引導

你慶祝過聖誕節嗎？在有關聖誕節的經驗當中，哪一次的經驗最讓你印象深刻呢？

思路二．敘述經驗，點出特點

請你敘述這次印象深刻的經驗。

思路引導

這次聖誕節經驗的過程為何？有哪些特點呢？

思路三・根據經驗，抒發感受

請你寫出你對這次經驗的看法與感受。

思路引導

這次過聖誕節經驗帶給你哪些特別的感動及看法？

思路四・總結歸納，呼應主題

請你整理出你對這次經驗的結論。

思路引導

對於這次聖誕節，你還有哪些心得與想法呢？

我愛聖誕節

經由上述的思路引導,請將它化為優美的文字,清楚的表情達意成一篇優美的文章。

作品觀摩　《夏之桓‧我愛聖誕節》

（每年的）十二月二十五日是聖誕節。我認為聖誕節就像是耶穌的生日 Party，因為大家都會舉行慶祝活動來慶祝，就好像是個大型的生日 Party 一樣。而且在這一天（，）大家都會贈送卡片及禮物（，）來表達對對方的關心和感受。

前年的聖誕節，我收到了一個很「無言以對」的禮物。那時在學校舉辦了「聖誕節交換禮物」的活動。那次我收到了一個非常「大」的禮物。那是一隻很可愛的兔子，可是，眼睛不見了！肚子破了！耳朵是重縫的……。

大家看到了這份非常「大」的禮物，都忍不住哄堂大笑。（而我）看到這隻兔子，覺得又氣又好笑，也讓我覺得這真是一個特別難忘的聖誕節。

經由這次的聖誕節，讓我深深的體會到（，）要對身邊的親友表達感謝，更重要的是，它讓我學會「己所不欲，勿施於人」的道理──要給別人一份很「正常」也很有「誠意」的禮物。

老師講評　　　　　評分 四級分

● 立意取材 ●

作者能根據題目，選擇新穎有趣的題材，令人看完有耳目一新、莞爾一笑的感受。

● 結構組織 ●

文章結構周密完整，而且段落分明。

● 遣詞造句 ●

整篇文章通順，沒有特別需要修改的地方。

● 錯別字、格式及標點符號 ●

注意逗號的使用。

 賞　　析

　　這是一篇題目普通，但情節別出心裁，令人讀完不覺莞爾一笑，而且笑中有感的好文章。這個感想雖然是之桓同學的個人經驗，卻值得作為每個人的借鏡。他以幽默自嘲的口吻，敘述得到一個令他「無言以對」禮物的經歷，並從中體會到「己所不欲，勿施於人」的道理。結論雖短，但它使整篇文章更具深度與質感。這也是我們運用「平鋪直敘」的技巧，甚至是在寫作時所追求的目標所在。

充充電，思緒更活躍！文思泉湧一瞬間……＊

一、大家來找碴

✕	○
耶蘇	耶穌
重縫	重逢
共堂大笑	哄堂大笑
己所不慾	己所不欲
誤施於人	勿施於人

二、成詞語大補帖

成語	解釋	例句	相似詞	相反詞
禮輕人意重	形容禮物輕薄卻情意深厚。	俗話說：「禮輕人意重」。只要是別人送我的禮物，不管多便宜，我都會將別人的心意銘記在心的。	禮薄情意重 禮輕意重	
千里送鵝毛	指自遠方所贈送輕微的禮物，有禮物雖輕而情意深重的意思，也用來當作贈人禮物的謙辭。	俗話說：「千里送鵝毛」。禮物不分便宜或貴重，只要是別人誠懇的心意，都值得珍惜。	千里寄鵝毛 千里鵝毛	
禮尚往來	尚，注重。指別人以禮相待，我們也要以禮回報。	做人要懂得禮尚往來，這是待人接物的基本道理。	投桃報李	

三、名言佳句大會串

名言佳句	使用情境	出處
在平安夜裡，我向聖誕老人許了願：我不管你的腳是多麼臭，在明早當你要穿襪子時，能收到我拜託聖誕老人帶給你的滿滿的祝福，並溫暖你的心和腳Ｙ子！		
如果今夜有一位很肥的老人從煙囪口跳進來抓你，並且把你裝進袋子裡，不用擔心和害怕，因為你這正是我想要的聖誕禮物。	可以用在聖誕節時給予他人的祝福	奇摩聖誕節簡訊
送你一棵點綴滿滿禮物的聖誕樹，樹頂上那最大最亮的星星是我的真心，其它的星星是我的關心！		
我要把一切關心變成奶油，所有祝福做成巧克力，所有快樂做成蛋糕答謝你，然後對你說聲聖誕快樂！		

魔法咒語之 11
出人頭地

（一）開宗明義：破題法
（二）隱姓埋名：冒題法
（三）問東問西：設問法

「出人頭地」指超越別人，展露頭角。要如何使文章「出人頭地」，能夠引人注目，在眾多的文章當中，展露頭角？最重要的部分，在於文章的第一段，是「起承轉合」中的「起」，也是文章的「開頭」。

運用各式開頭 引發閱讀動機

通常禮物外面都會有一層精美的包裝紙，或是絲帶、緞帶花等裝飾。收到這份禮物的人，看到如此精緻的包裝，心想裏面的禮物一定更加珍貴，便會迫不及待的想要去撕開外層的包裝來一探究竟。更重要的是，它能讓收到禮物的人，能夠體會到送禮者的用心。

同樣的道理，文章的開頭就像禮物外層的包裝一樣，愈是精美特殊，愈能瞬間吸引住讀者的目光，使讀者有「追根究柢」的慾望，並且佩服作者的用心。因此，想牢牢抓住讀者的心、引發讀者的閱讀動機，就要使文章的開頭好看、漂亮和精彩！除此之外，還可以有些創

意。例如：帶有懸疑及趣味的開頭，也是引起閱讀動機的另一種方法。文章的開頭，總括來說有三種：

（一）**開宗明義**：是為破題法。

「開宗明義」意思是說寫文章一開始就要清楚標明文章的主旨和綱要。例如：《梁啟超・敬業與樂業》

> 我這題目，是把禮記裡頭『敬業樂群』和老子裡頭『安其居，樂其業』那兩句話，斷章取義造出來。我所說是否與禮記、老子原意相合，不必深求；但我確信『敬業樂業』四個字，是人類生活的不二法門。

（二）**隱姓埋名**：是為冒題法。

「隱姓埋名」原意是說改換姓名，不要讓別人知道。在開頭當中，可以引申為不要直接讓讀者知道你要寫的主題，而是用一些小故事或者生活經歷來當作「伏筆」。例如：《藍蔭鼎・花不全是香的》

> 一個假日午後，我帶著一家大小上陽明山賞花。天氣分外晴朗，賞花的人比山坡上的花還要多。人影在花叢中竄動，有照相的、有吃東西的、有談天說地的，信步走著，看在眼裡真也有趣。

（三）**問東問西**：是為設問法。

「問東問西」原意是指不斷的發問，用在開頭中，是要以問題的方式，激發讀者思考的空間，引發讀者繼續閱讀的動機。例如：《胡適・差不多先生傳》

> 你知道中國最有名的人是誰？提起此人，人人皆曉，處處聞名。他姓差，名不多，是各省各縣各村人氏。你一定見過他，一定聽過別人談起他；差不多先生的名字，天天掛在大家的口頭，因為他是中國全國人的代表。

經典作品賞析

《藉口．800 字小語》

若問人世間最易得、最管用、最可人的東西是什麼？我要說，那就是「藉口」。

人類的歷史看來充滿了「藉口」。古匈奴「南下牧馬」，其實是攻城掠地；希特勒「借道」，其實是占領；日本「搜索失蹤士兵」，其實是侵略中國；俄國「支持社會主義政權」，其實是進軍阿富汗。

沒有藉口，連歷史都難寫。那麼人生與藉口的關係，思可過半。

我們愛財，拚命賺錢，卻說是「為國家爭取外匯」；明明喜歡做官，卻說是要「服務人群」；占小便宜，名曰「精明」；糊裡糊塗，偏說「大而化之」。

假如真有那個意思，那麼編出一部「純藉口」的歷史並不困難。一個人也可以用「藉口」度過他的一生，譬如說有一個人一直想要努力上進、出人頭地，但是他一直沒有行動，道理如下：

作品搜尋引擎

【亮軒】散文名家

生平：

亮軒，本名馬國光，遼寧省金縣人，民國三十一年（西元一九四二年）生於四川。

經歷：

畢業於國立藝專影劇科畢業，美國紐約市立大學廣電研究所碩士。曾經擔任中國廣播公司主持人，並且任教於世新大學。

著作：

亮軒的散文取材非常廣泛，具有發人深省的幽默及批評，並帶有待人處世的智慧。他的作品還曾獲得中山文藝獎的散文獎。作品有《書鄉細雨》、《我愛人生》、《亮軒極短篇》等書。

小時候，「因為沒有適當的指導」；青年時，「時間還早，來日方長」；中年時，「實在太忙，忙過了再說」；老年時，「健康不佳，不宜勞累」；最後的遲暮，則「反正已經來不及了」。

許多人便如此地消磨了一生。假如我們不想做該做的事，就找個藉口不做了；假如我們想做不該做的事，也找個藉口做了，過了荒唐糊塗的一世，我們最後還可以說「人生本來就是一場大夢」。

看來藉口可以隨時為自己留餘地，真正卻把自己一步步推向衰落凋零、荒謬悖理的死路。

撲滅藉口的藥方是決心、毅力、勤奮。可是良藥苦口，用慣了「藉口」的人，除非願意忍受癮頭發作的痛苦，否則是吞不下去的。

解構經典　開頭別具一格 引人注目　⋯⋯⋯⋯⋯⋯⋯⋯ ✳

　　這是一篇論說文。亮軒以歷史以及一般人生活中的例子，來說明人們使用藉口的情況。並且指出要消除「以藉口來掩飾自己」的不好行為，有賴於決心與毅力的幫助。整篇文章的筆調既幽默又諷刺，並且帶有耐人深思的哲理及智慧。

　　這一篇文章的開頭，使用「問東問西」的型式，將「藉口」的特點予以點明。並且帶有「開宗明義」的性質，將文章的主題──「藉口」引導出來。除此之外，也吸引讀者進一步了解為什麼作者認為「藉口」是「人世間最易得、最管用、最可人」的東西呢？由以上的分析，我們欣賞到作者所用心設計的開頭，既明確又帶有懸疑的趣味，很值得大家學習。

起	起頭──人世間最易、 　　　最管用、最可 　　　人的東西是什麼？	→	型式	「問東問西」： 設問法。
			性質	「開宗明義」： 破題法。
			效果	引發讀者進一步 閱讀的動機。
承	說明──人類的歷史看來充滿了「藉口」。			
轉	改變──人類會有「藉口」的動機及原因。			
合	結論──解決用藉口的方法。			

　　經由以上的分析，我們學習到：如果開頭的型式清楚、內容明確、效果顯眼的話。這樣才可以說是成功的開頭。接著就來練習如何寫出成功的開頭。

步驟1 決定開頭型式

　　在寫開頭時，首先我們要確定開頭的型式。基本上「設問法」是提問的方式，「破題法」是最簡單的方式；「冒題法」是最懸疑的方式。

步驟2 根據型式決定開頭內容

　　決定好開頭的型式，我們就能處理裡面的內容。是要「開宗明義」直接點出文章主旨？還是「隱姓埋名」用間接的內容來做為伏筆？或者是用「問東問西」以提問的方式來引發讀者思考？即使是同一個題目，不同的開頭仍能帶來截然不同的感受。

　　好的開始是成功的一半。寫開頭時，若能依照這兩個步驟去設計開頭的話，就能為整篇文章奠定好基礎。

【練習】現在就請同學就下面的題目來設計開頭，考慮型式及內容，來設計出精彩的開頭。

孝的奇蹟

1　破題法

2　冒題法

3　設問法

1　破題法

經由朋友及自己的親身體驗，我發現「孝順」也可是「生命的魔法師」，它的魔力會帶來不可思議的奇蹟喔！

2　冒題法

「孝順」是中國文化當中很重要的中心德目，而且「孝順」對為人子女來說，是最高的道德標準。

3　設問法

你知道天底下最神奇的奇蹟是什麼嗎？它其實是每個人都知道的東西，但也是每個人很容易忽略的東西！

✱作家換你當

孝的奇蹟

思路一·依據題目，設計開頭

請你依據題目來設計開頭。

思路引導

你覺得「孝」是什麼？「孝」在你的生活中帶給你哪些影響？

思路二·配合開頭，描述經驗

請你描述有關「孝的奇蹟」的經驗。

思路引導

曾經發生了什麼事情，讓你體會到「孝」有不可思議的奇蹟？

思路三 · 回想經驗，突顯深刻

請你寫出你對這個經驗的感想。

思路引導

想想看，在這個讓你體會到「奇蹟」的經驗中？你有哪些深刻的感想呢？

思路四 · 首尾呼應，做出結論

請你總結這次經驗的看法與啟發。

思路引導

「孝」在你生活中發生了什麼樣的「奇蹟」？實行孝道也帶給你哪些收穫呢？

孝的奇蹟

經由上述的思路引導,請將它化為優美的文字,清楚的表情達意成一篇優美的文章。

作品觀摩　《楊汶庭‧孝的奇蹟》

「孝順」對為人子女來說，是最高的道德標準，這對現代的子女們來說，「孝順」有時是「生命不可承受之重」，但是經由朋友及自己的親身體驗，我發現「孝順」也可是「生命的魔法師」，它的魔力會帶來不可思議的奇蹟喔！

前陣子遇到以前的同班同學，她在生活的路途上也是坎坎坷坷，以前家庭經濟情況不好時，也曾有連營養午餐的費用都繳不起，因此很希望家庭的經濟情況能夠好轉起來。不過，老天爺給她家庭的考驗還不只於此，父親去世，讓原本已經有點憂鬱的母親幾乎陷入崩潰的地步，那一陣子她的媽媽求助於各種醫療以及宗教的力量，情況也沒有好轉，但又礙於母親看到她現在如此糟糕的情況，更會悲從中來，所以都在母親的面前表現正常的一面。（直到）有一天，她的哥哥告訴她說，自從父親過世之後，他警覺到有些話永遠不說，可能就沒有機會讓父母親感受到他在心裏是多愛他們，於是他緊緊的抱住母親告訴她他是多麼地感謝她，（！）愛她！而母親也緊緊的抱住他，感動的流下眼淚。

我的朋友聽完我最近在生活上的種種不順後，她以親身體驗跟我說（，）這是老天爺要給我的考驗也是我要做的功課，（——）要與父母好好相處及溝通。也唯有通過老天爺所給的考驗後，自己的願望才有可能達成。其實，我心裏還是對朋友的話感到存疑，（生活中的）不順與跟父母的相處應該是兩碼子的事

情，怎麼會遷扯在一起呢？在我思考這箇中奧妙時，有一句話突然閃過，就是「孝子不匱，永錫其類。」這是出自於詩經大雅中的一句話，本義是指敬養父母的孝子能得到綿長的福報。我想朋友講的話就是這個道理吧！原本為了一些生活上的衝突而與父母正在冷戰的我，主動的跟剛剛就寢的媽媽抱著她說：「媽，您別擔心我，我會努力好好讀書。還有您早點睡吧！」「妳知道就好了，我也希望妳在家裡能夠快快樂樂的！」說也奇怪，說完之後，我心裡也跟著快樂不少！

　　真是奇蹟啊！沒想到同樣的奇蹟竟然發生在我和朋友的身上，我突然覺得「孝順」不再是硬梆梆的教條而是生活（活生生）的奇蹟，它就像是仙女的魔法棒般改變我的生活！也許哪一天遇到生活上的挫折；也許哪一天想改變自己目前的生活，我想大家也許不必捨近求遠，「孝順」也許會帶來意想不到的奇蹟喔！

老師講評　　評分 五級分

● 立意取材 ●

作者能依據主旨來寫出符合題意的文章，並且能有效取材以突顯文章的主旨。

● 結構組織 ●

通篇文章結構緊密，組織完整且緊密。文章的開頭能有效的點明主旨，且能首尾呼應，是非常完善的設計。

● 遣詞造句 ●

整篇文句流暢，語意清楚。

● 錯別字、格式及標點符號 ●

注意逗號的使用。

賞　析

　　「孝順」聽起來是很「重」的德行項目，一般同學在寫類似的題目時，常常把它寫成說教意味很濃厚的論說文。但是，這篇文章卻把孝寫成一種催化生活中奇蹟的魔法，寫來新奇有趣，但又不失「孝」的重要與意涵。這篇文章最可取的地方是——在平凡中找出特別；在生活中找出感動；在孝順中找到意義。同學們寫到類似或者其他有關德行的題目時，就可以運用這種技巧，將很「重」的題目變得輕巧可愛喔！

充充電，思緒更活躍！文思泉湧一瞬間 ……*

一、大家來找碴

×	○
奇積	奇蹟
個中	箇中
崩愧	崩潰
牽扯	遷扯
硬綁綁	硬梆梆
不可思異	不可思議

二、成詞語大補帖

成語	解釋	例句	相似詞	相反詞
慈孫孝子	能善盡孝道，孝養父母。	對於自己的父母，一定要能夠慈孫孝子，才算盡為人子的責任。		
孝子賢孫	克盡孝道的賢德子孫。	中國的倫理道德，在人倫方面，當子女的就要當一位孝子賢孫。	孝子慈孫	
忠孝賢良	忠誠孝順，才德具備。	想當一位現代的孝子，一定要能夠忠孝賢良，才算是盡了孝道。		不肖子孫 忤逆子孫
戲綵娛親	老萊子非常孝順，已經年紀七十了，還常常穿著五色彩衣，扮作嬰兒嬉戲的樣子來逗父母高興。後多用來比喻孝養父母。	他真的非常孝順，為了能讓父母開心，還會戲綵娛親。	老萊娛親 綵衣娛親	

三、名言佳句大會串

名言佳句	使用情境	出處
不孝有三，無後為大。	在批評不孝時使用	孟子《孟子·離婁》
孝子不匱，永錫爾類。		〈大雅·既醉〉
萬惡淫為首，百善孝為先。	說明孝順的重要	陳向陽《孝道指針·格言拔萃》
慈烏有反哺之恩，羔羊有跪乳之義。		陳向陽《孝道指針·格言拔萃》
樹欲靜而風不止，子欲養而親不待。		韓嬰《韓詩外傳》卷九

魔法咒語之 12

有頭有尾

（一）總而言之：總結法
（二）前呼後擁：前後呼應法

「有頭有尾」形容做人做事有始有終。一篇完整的文章，除了開頭要能夠吸引別人的注意之外，也要在文章的結尾處，有一個讓人覺得清楚且完整的結束。若能像這樣兼顧首尾，且能有始有終的話，才算得上一篇好文章。

運用各式結尾 留下無窮韻味

很多好看的故事，往往都有一個吸引人注意的開頭，以及一個耐人尋味的結尾。就像我們耳熟能詳的童話故事《灰姑娘》和《美人魚》——可憐的灰姑娘終於擁有一個美滿幸福的歸宿，但人魚公主最後卻化為泡沫，在朝陽照耀下慢慢的消失。無論故事的結局如何，一個令人印象深刻的尾聲，絕不會平淡無奇，而是帶著令讀者感到「餘味不盡」的酸甜苦辣。

換句話說，一篇文章的結尾要有「味道」。不同體裁的文章，更要有不同「味道」的結尾。論說文的結尾要斬釘截鐵；記敘文的結尾

要清楚明確；抒情文的結尾要耐人尋味。結尾有了豐富的滋味之後，讀者讀完必能「口齒留香」，進而「餘味無窮」。

文章的結尾方式，簡單說來有兩種：

（一）總而言之：是為總結法。

意思是說在結尾處，總結這篇文章中的看法，以符合文章的主旨。例如《王鼎鈞·團隊接力》：

> 如果你站在排頭，要有英雄氣概；如果站在排尾，要有領袖風度；如果你屬於中間的一群，要盡其在我，不求人知，切忌敷衍。

（二）前呼後擁：是為前後呼應法。

原意是說前面有人吆喝著來開路，後面的人則跟著上去。通常用來形容達官貴人出行時的排場。在結尾當中，則可以引申為末段（結尾）的內容，要能夠呼應首段（開頭）的內容，這樣就能夠「前後呼應」，並且能「有始有終」。例如：《邵僩·傾聽——是一種成熟》開頭是這樣寫的：

> 一個人能傾聽，不但能保持寧靜、寬容的心境，也能發現我們所生活的環境中，那許許多多不同的聲音，竟是如此的奇妙！」

結尾則寫成：

> 世上最好聽的是甜言蜜語，最不好聽的是讒言；倘若我們都能微笑的傾聽，便是一種成熟。

經典作品賞析

《欣賞就是快樂‧800 字小語》

一個人，能夠安於手邊所有，眼前所見，在雜亂無章、晦暗無望的現實中，保有自己心中的天光雲影，在生活的縫隙間，去抓住飄然自足的快樂，自己的價值，就是在這樣的時時刻刻裡得到肯定，而不是懸個未來的目標去肯定。

「樂享」的心情不是來自外在的如意，而是來自內在的無私和對周圍小小事物的欣賞。……

誰不期盼「發揮自己的志趣」呢？但期盼是一回事，現實又是一回事。如何把這兩者合而為一，所靠的是對現實的認可，然後從既有的條件中找尋可用的素材來為自己鋪路。其實，連這「鋪路」的念頭都不必要有。……

人生是一件值得歡呼樂享的事。造物者給我們機會，送我們「下凡」來遊覽觀光，而我們為什麼偏偏要把它當成一項痛苦難纏的任務，在那兒緊張不已呢？讓我們的每一分秒都是一次愉快的完成，不是更可貴、更聰明、更快樂、更值得嗎？

作品搜尋引擎

【羅蘭】散文名家

生平：

羅蘭，本名靳佩芬，河北省寧河縣人，民國八年（西元一九一九年）生。

經歷：

畢業於河北省天津女子師範學院師範部畢業、音樂系肄業。曾經當過音樂老師以及廣播公司的主持人。

著作：

擅長散文寫作。作品有《羅蘭散文》、《羅蘭小語》等書。並且還獲得中山文藝獎、廣播金鐘獎以及國家文藝獎。

解構經典　總結歸納看法 表明主旨 ·····································＊

　　本篇為論說文。作者觀察到現代人每天過著緊張忙錄的生活，把人生視為苦差事，因此提出自己的看法。羅蘭認為人生是一件值得歡呼「樂享」的事情，所以要以「欣賞」的眼光來看待周遭的事物，用生活中的瑣事和成長，來「娛樂」自己，使生命中的「每一分秒都是一次愉快的完成」，快樂的「樂享」造物者賜給我們的人生。

　　這一篇文章的結尾，運用「總而言之」的型式（總結法），將自己對人生的看法，藉由每段重點的鋪陳，予以歸納出本文的結論──「人生是一件值得歡呼樂享的事」，藉此符合文章中的主旨：「欣賞就是快樂」。本文結尾是很完整且標準的「總結法」，同學們在寫論說及記敘文時，很適合使用這種結尾方式。

起　開頭──	快樂不是懸個未來的目標去肯定。	
承　說明──	「樂享」的心情來自「內在的無私」和「對周圍小小事物的欣賞」。	
轉　改變──	連「鋪路」的念頭都不必要有，更能獲得快樂。	
合　結論──讓我們的每一分秒都是愉快的完成 ⇒	型式　「總而言之」：總結法。	
	效果　總結這篇文章中的看法，以符合文章的主旨。	

❋寫作技巧

　　透過上面的解析，我們可以發現，結尾在一篇文章中的效用。接著我們就來練習如何使文意完整的結尾。

步驟1 決定結尾型式

　　在寫結尾時，我們要先決定結尾的型式。「總結法」是最周全的方式；「前後呼應法」則是最能夠使文章一氣呵成，首尾貫通的方式。

步驟2 根據型式決定結尾內容

　　確定好結尾的型式，我們再來確定裡面的內容。我們可以考慮，是要以「總而言之」來總結文章的主旨？還是用「前呼後擁」來使文章的結尾能呼應文章的開頭？

　　在寫結尾時，如果能依照這兩個步驟來設計的話，必能設計出四平八穩的結尾，而不至於頭重腳輕。

【練習】現在請同學就《感恩與報答》題目來設計結尾，創作時，請同時思考它的型式及內容。

感恩與報答

1 總結法

2 前後呼應法

提示：文章的開頭如下：

什麼是報答？其實不需要珍貴的禮品，好聽的言語，以一顆誠摯的心，就能做到報答。

1 總結法
　總之，用一顆感恩的心，來看待我們身邊的人事物，以及發生在我們身上的一切，就是一種對老天爺的報答。

2 前後呼應法
　感恩就是報答，它是最珍貴的禮物；最動人的言語，有心人會了解以及體會到我們感恩的心。

作家換你當

感恩與報答

思路一· 依據題目，設計開頭

請你依據題目來設計開頭。

思路引導

你覺得「感恩」是什麼？你對「感恩」有什麼樣的看法？

思路二· 提出經驗，印證看法

請你描述有關「感恩」的經驗。

思路引導

有什麼樣的經驗，讓你感受到「感恩」與「報答」的關係呢？

思路三・思考經驗，找出重點

請你寫出你對這個經驗的看法。

思路引導

在這次的經驗當中，有哪些重點可以印證你對感恩和報答的看法？

思路四・設計結尾，提出結論

請你總結你對「感恩與報答」的看法，或配合開頭，使首尾能相互呼應。

思路引導

對於感恩和報答，你還有哪些部分需要再強調的呢？

感恩與報答

經由上述的思路引導，請將它化為優美的文字，清楚的表情達意成一篇優美的文章。

作品觀摩 《鄧雅庭‧感恩與報答》　　　　　　✳

什麼是報答？其實不需要珍貴的禮品，好聽的言語，以一顆誠摯的心，就能做到報答。

最近我們班的班導想出了一個很棒的點子，那就是邊上課、邊吹冷氣、邊吃冰棒。在這個充滿涼爽的冷氣，手上拿一根香甜（冰涼）的冰棒，再慢慢去啃它，（這時的我，）彷彿置身在北極當中，慢慢的啃掉一座冰山一樣，過癮極了！

當我在享受這甜美的幸福時，（突然）想起最近有些（必須）在日正當中種田（的）農夫們，被（酷熱的天氣）熱死的新聞。我就好想把我手中的冰棒給他們吃，因為沒有他們辛苦的工作，我們跟（根）本無法享受美味的食物。我也藉此體會到「誰知盤中飧，粒粒皆辛苦」的道理啊！

雖然，在現實的情況當中，我可能沒有辦法送冰棒給農夫們吃，但是，只要我好好珍惜我所吃的每一粒米和每一樣菜，不隨意的浪費他們，也是報答他們的一種方式啊！

老師講評　　評分 五級分

● 立意取材 ●

作者能依照主旨，並且能夠運用適合的材料來寫的文章。

● 組織結構 ●

整篇文章組織完善，結構完整。

● 遣詞造句 ●

有些文句稍加斟酌與修飾，會更加簡鍊。

● 錯別字、格式及標點符號 ●

注意逗號的使用。

賞　析

　　「感恩」簡單來說就是要常懷感謝心，更深一層的意涵就是要有同理心。同理心是指能站在對方的立場，設身處地去體會當事人感覺的心理歷程。就如同基測寫作測驗的題目《體諒別人的辛勞》，重要的不是體諒別人的行為，而是能夠對人有同理心，這才是題目的重點所在，也是同學要深入發揮的地方。至於如何發揮呢？就可以像雅庭同學一樣，藉由生活中很平凡的事情，來做省思體會的功夫，這樣就能在平凡的事情中找出特別的意涵，文章也會更具深度及情感。

✿作品觀摩

一、大家來找碴

✕	○
誠擊	誠摯
過隱	過癮
盤中食	盤中飧
肯它	啃它
跟本	根本

二、成詞語大補帖

成語	解釋	例句	相似詞	相反詞
感恩圖報	感激他人的恩情而想辦法報答對方。	對於別人的幫忙,我們要懷著感恩圖報的心,才能說是報答別人。	結草銜環 知恩報德 感恩戴德 感恩荷德 感恩戴義	過河拆橋 過河抽板 恩將仇報 忘恩負義
恩重如山	用來形容恩德極為重大。	父母對我們的恩惠,可以說是恩重如山,做子女的可要謹記在心。	恩重丘山 恩深義重	
知恩報恩	感激別人所給予的恩惠,而加以回報。	做人要懂得知恩報恩,別人才會願意幫助我們。	知恩報德	

三、名言佳句大會串

名言佳句	使用情境	出處
滴水之恩當湧泉相報。	提及「感恩」和「報答」的重要性時。	俗諺
知恩圖報,善莫大焉。		俗諺
一飯之恩,當永世不忘。		司馬遷《史記・淮陰侯傳》
沒有什麼比一顆感恩的心更值得尊敬。		魯迅
卑鄙小人總是忘恩負義的;忘恩負義原本就是卑鄙的一部分。	指不懂得感恩及報答的影響	雨果

魔法咒語之13
念念有詞

1.避免重覆
2.相似相反

所謂的「念念有詞」，是形容一個人喃喃自語的樣子。寫作文時，也可以「念念有詞」，把你用心想出的詞語在心裡默念，而不是把它們念出來。要不然，可會被別人聽到你的創意喔！

巧妙變化詞語 文章豐富多樣

有人說：修辭可以美化文學。因此修辭就像文章的彩妝師一樣，而豐富多樣且生動精確的詞語，則像不同種類的化妝品，相互搭配，將文章打扮得「無懈可擊」。

運用詞語時，有下列注意事項：

一、避免使用重覆的詞語

形容考到一百分的心情，可以用「驚喜」、「興奮」、「高興」等詞語。形容好看的男孩，則可以用「英俊」、「瀟灑」、「帥哥」等詞語，互相交替使用，則可以使文章更具多變及豐富性。例如洪醒夫的〈紙船印象〉

我們在水道上放紙船遊戲，花色斑雜者，形態怪異者，氣派儼然者，甫經下水即遭沉沒者，各色各樣的紙船或列隊而出，或千里單騎，或比肩齊步，或互相追逐，或者乾脆是曹操的戰艦——首尾相連。形形色色，蔚為壯觀。

作者運用了「花色斑雜者」、「形態怪異者」、「氣派儼然者」等豐富多變的詞語來形容各種紙船。

二、多加善用對比

多加使用對比的詞語，如「善良」與「邪惡」、「美麗」和「醜陋」以及「快樂」和「傷心」等，會使文句更具張力。在陳幸蕙的〈碧沉西瓜〉中，運用對比的詞語來描寫西瓜的情狀：

遠處，秧針半吐的水田，如棋盤一樣整齊排列；近處，無心散落的綠色棋子，閒閒地被灑在局外。可是走得更近了，棋子擴大成深碧的卵石，你才猛然醒悟，那成點狀分布的碧綠，竟是臥在沙地上安恬地晒著太陽的西瓜。

在這一段話中，由「遠」而「近」；由「整齊排列」到「無心散落」；由「綠色」到「深碧」；由「棋子」到「卵石」，作者運用這些對比的詞語，從各種不同的角度來描寫西瓜的情狀。

詞語的運用能力有賴於平時的訓練與累積，例如多去認識詞語的相似及相反詞，一旦知識量累積到一定的程度，看到某一個詞語時，自然能夠舉一反三，列出它的相似或相反詞。寫作文時，記得遣詞用字不要重覆，運用對比性大的詞語，文章就能更具可看性。

經典作品賞析

《春‧朱自清集》

盼望著，盼望著，東風來了，春天的腳步近了。

一切都像剛睡醒的樣子，欣欣然張開了眼。山朗潤起來了，水長起來了，太陽的臉紅起來了。

小草偷偷地從土裏鑽出來，嫩嫩的，綠綠的。園子裏，田野裏，瞧去，一大片一大片滿是的。坐著，躺著，打兩個滾，踢幾腳球，賽幾趟跑，捉幾回迷藏。風輕悄悄的，草綿軟軟的。…

雨是最尋常的，一下就是三兩天。可別惱，看，像牛毛，像花針，像細絲，密密地斜織著，人家屋頂上全籠著一層薄煙。樹葉子卻綠得發亮，小草也青得逼你的眼。傍晚時候，上燈了，一點點黃暈的光，烘托出一片安靜而和平的夜。鄉下去，小路上，石橋邊，撐起傘慢慢走著的人；還有地裏工作的農夫，披著蓑，戴著笠的。他們的草屋，稀稀疏疏的在雨裏靜默著。

作品搜尋引擎

【朱自清】散文名家

生平：

朱自清，字佩弦，浙江省紹興縣人。生於清德宗光緒二十四年（西元一八九八年）生，卒於民國三十七年（西元一九四八年），享年五十一歲。

經歷：

北京大學哲學系畢業。曾在清華大學、西南聯合大學任教。畢生致力於散文寫作以及古典文學的探討，影響我國的普及和語文教育甚深。

著作：

朱自清的散文情感豐富、觀察細膩。作品有蹤跡、背影、歐遊雜記、經典常談等書。後人編有朱自清集。

解構經典　豐富詞語 增添光彩

　　本篇文章選自《朱自清集》，是一篇抒情文。作者運用敏銳的觀察力、清新的筆觸，來描寫「春」到人間的種種情狀，令人讀完之後，好像置身在春天的情境中，並給人無限想像的空間。

　　在這篇文章當中，作者靈活的運用各種詞語，來極力描繪春天之美。其中以描摹為本文的重點。如寫春草，晴天的春草是「嫩嫩的、綠綠的」、「綿軟軟的」；而經過雨滴洗過的春草「青得逼你眼」，這是一種很生動的用法。再來像描寫春雨，以「像牛毛」來點出細密的特質，「像花針」則形容它的纖細，「像細絲」形容它的綿長，而「密密地斜織著」，則把微風吹動的景象寫得絲絲入扣。

❋寫作技巧 ⋯⋯⋯⋯⋯⋯⋯⋯⋯⋯⋯⋯⋯⋯⋯⋯⋯⋯⋯⋯ ❋

步驟*1* 確定詞語的精確性

當在運用詞語時，一定要先確定詞語的可用性與精確性。這樣的詞語是不是適合形容這樣的情境？與它們類似的詞語有哪些呢？如此一來，在同樣的情境中就有可替代的詞語，而不會使內文不斷的重複。

步驟*2* 再確定詞語的對比性

確定適合的詞語之後，再來觸類旁通，想想看有哪些可以用來對比與映襯，以增加張力的詞語？透過對比詞語的運用，文句看起來更加生動活潑，詞藻也有著各式各樣的風貌，更增添文章風情。同學們可要好好善用琳瑯滿目的詞語，使自己的作品更加豐富動人。

【練習】現在，換大家試試看。依照你對詞語的認識，來作主題詞語的相似與相反詞的練習。

1.【春風得意】：形容人做事順利，志得意滿的神情。

相反詞

相似詞

2.【青春】：⑴春天；⑵比喻年輕；⑶年齡。

相反詞

相似詞

1. 春風得意

　　相反詞：
　　愁色難遮、遭遇坎坷。

　　相似詞：
　　喜氣洋洋、春風滿面。

2. 青春

　　相反詞：
　　⑴冬天、殘冬。

　　相似詞：
　　⑵芳華　⑶年紀、年數、年歲。

❋作家換你當

春

思路一・依據題目，開門見山

請你根據題目來揀選適合的材料。

思路引導

關於春天，你首先會聯想到哪些事物呢？

思路二・根據聯想，點出特色

請你運用各種詞語，點出春的特色。

思路引導

關於春天，你會聯想到哪些事情？並且藉此來突顯出春天的特色。

思路三 · 觸發體悟，點出特性

請你寫出你對春天的看法及感受。

思路引導

你對春天有什麼樣的感受與啟發？

思路四 · 歸納整理，總結結論

請你總結你對春天的想法。

思路引導

經由逐段分析下來，你對春天有什麼樣的結論呢？

經由上述的思路引導，請將它化為優美的文字，清楚的表情達意成一篇優美的
文章。

🌸作品觀摩　《李星靜‧春》 ⋯⋯⋯⋯⋯⋯⋯⋯⋯⋯⋯⋯⋯⋯⋯⋯ *

　　春，給人的第一印象，就是她那美麗的景色，讓人驚豔！讓人讚嘆！看她那優美的景象，彷彿是人間仙境，令人無限嚮往。

　　春，讓人不禁在讚嘆她的神奇。「忽如一夜春風來，千樹萬樹梨花開」，當我們還凝結在冬天的憂鬱時，只要春風一到，大地就有所變化。「春城無處不飛花，寒食東風御柳斜」，到處充滿欣欣向榮的景象。這如此宜人的景色，讓人猶如置身在美麗的夢境之中，使人「春眠不覺曉，處處聞啼鳥」，想要依戀在這種如夢境之中的人間仙境。

　　春，揮舞著的彩虹般的翅膀，就這樣從古到今，穿越無數時空，激起無數個美麗的幻想。在她盡情揮動美麗的翅膀時，有誰想過，她也曾經歷過寒冬的淬鍊後，才有這般美麗的面貌。人生，不也是要經歷一番淬鍊與磨練之後，才會有所成長有所成就。

　　春，是大地的生機、是世界的美景、是人生的希望。只要有冬天的存在，就要相信春天在不遠的地方等著我們！

老師講評　評分 五級分

● 立意取材 ●

作者能依據題目做適當且合宜的聯想，能有效的加深題目的內涵。

● 組織結構 ●

結構緊密，層層推進，段落分明，重點清楚。

● 遣詞造句 ●

善於引用詩句來突出春的特色。

● 錯別字、格式及標點符號 ●

沒有錯誤。

 賞　析

　　當同學們遇到的寫作題目與季節有關時，有四個法寶可以讓文章更具有意境之美，那就是修辭中的「摹寫」、「譬喻」、「擬人」及「引用」。「摹寫」可以就所看、所聽、所聞、所感受到的來發揮；「譬喻」可以將春予以「具體化」；「擬人」可以發揮同學們的想像力；「引用」則可運用古典詩詞，來添加意境之美。同學們善用這「四大法寶」，就可以好好將美景描摹的淋漓盡致。星靜同學在這篇文章中就靈活運用這「四大法寶」，將春天的景象描摹的如詩如畫，真可以說是「詩中有畫，畫中有詩」，值得同學們效法。

充充電，思緒更活躍！文思泉湧一瞬間

一、大家來找碴

×	○
驚艷	驚豔
響往	嚮往
淬練	淬鍊
欣欣像榮	欣欣向榮
輝舞	揮舞

二、成詞語大補帖

成語（詞語）	解釋	例句	相似詞	相反詞
春和景明	春氣和煦，景物明麗。	大地一片春和景明，真是絕佳的春景。	春暖花開 春光明媚	春寒料峭
春暖花香	春氣和煦宜人，百花盛開，香氣馥郁。	在這春暖花香的季節裏，最適合出去郊遊散心了！		
半為憐春半惱春	感嘆良辰美景的消逝，想要挽留卻無法挽留的一種無可奈何悲愁情緒。	看到這如此美妙的春景，會使人半為憐春半惱春，更加珍惜春光。	春色惱人	春來秋去 春去秋來

三、名言佳句大會串

名言佳句	使用情境	出處
春風桃李花開日，秋雨梧桐葉落時。	用來比較春天和其他季節不同的地方	〈白居易・長恨歌〉
春城無處不飛花，寒食東風御柳斜。		〈韓翃・寒食〉
白日放歌須縱酒，青春作伴好還鄉。	形容春光明媚及自在感受	〈杜甫・聞官軍收河南河北〉
春潮帶雨晚來急，野渡無人舟自橫。		〈韋應物・滁州西澗〉
春眠不覺曉，處處聞啼鳥。	描寫春天的宜人舒適	〈孟浩然・春曉〉

魔法咒語之14
束身自修

一、檢查錯別字　　二、檢查標點符號
三、檢查字詞用法　四、檢查句子
五、檢查前後是否連貫　六、檢查是否需要補充

　　所謂「束身自修」原指約束自己，自我修養。使用於文章寫作時，則表現一種很重要的態度。寫作文時該有的「束身自修」，也就是管理自己寫作的態度與技巧，以及寫完後懂得如何修改自己的文章。

運用修改原則 文章減少疏失

　　曾經有位作家說，她的寫作祕法就是：「修修修修，修修修！」可見一篇好的文章，都要經過不斷的修改才能完成的！通常修改有下列方法可供同學使用：

一、檢查錯別字

　　「錯字」就像牙痛一樣，平時不痛還好，一痛起來就會要人命。「錯字」也是如此，不錯還好，要是一個字寫錯，而且從頭到尾都寫錯，那就得不償失了！要是文章寫得不錯，但錯字連篇，就可惜了一篇好文章！

二、檢查標點符號

標點符號也是同學們容易忽略或運用錯誤的部分，尤其要特別注意某些標點符號的分別。例如：破折號（——）和刪節號（……）、專名號（＿＿＿）和書名號（～～～），這些都是同學容易搞混的。

三、檢查字詞用法

在檢查字詞用法方面有一個重點，那就是避免使用重覆的詞語。同學們最常重覆的詞語有：「我」，以及「就」、「所以」等連接詞；「了」、「呢」語氣詞。在下筆時，試著把它覆蓋，並念念看是否通順，如果很順暢的話，就可以去掉，使得文句更加簡潔有力！另外。可以運用相似詞來代替同樣意思的詞語，文章看起來會更加豐富多樣。

四、檢查句子

在檢查句子方面有一個重點，那就是句子是否通順。有些句子唸起來怪怪的，這時就要檢查哪裡有錯誤。例如：有些同學受到網路語言的影響，寫作時自然而然就會運用起「火星文」，造成理解上的困難：

國二每班要留20位在校生我是我們班第17個抽到的真的好衰！

這句話就是很標準的網路語言。我們可將這句話改為：

由於國二每一班都要留20位的在校生，而我是第17個被抽到的同學。我感覺自己好倒楣。

這樣比較像是一般作文中的句子。在下筆寫作前，一定要多加斟酌，等自己唸順了再下筆。否則花太多時間在檢查句子上，那就本末倒置了。

五、檢查前後是否連貫

檢查文章前後是否連貫，主要是在首段和尾段是否首尾呼應。例

如：首段講的是上網的好處，結果尾段是在講上網的壞處，首尾的論點不同，會脫離文章主旨，這在文章結構上是很嚴重的疏失。

六、檢查是否需要補充

檢查是否需要補充的重點是，很多同學在寫作文時，常常會遇到某一種情況，例如：

「今天發生這件事讓我很開心。」

「開心」一詞是很籠統的形容詞，這時可以加以具體化，例如：

「今天發生這件事讓我很開心，使我一回家就忍不住跑去告訴媽媽，和她一起分享我的心情。」

修改雖不是文章中最主要的技巧，但是卻可以讓你的文章去蕪存菁，並且避免不必要的錯誤，是一種必要且實用的技巧。

memo
- ☐ 錯別字
- ☐ 標點符號
- ☐ 缺（漏）字
- ☐ 字詞準確用法
- ☐ 內容思路邏輯
- ☐ 需要補充處

寫作技巧

步驟1 下筆前六步驟

下筆前有六步驟，可以幫助同學寫出一篇佳作：

一、認清題目重點。

二、確定文章主旨。

三、決定文章結構。

四、選擇適合材料。

五、安排段落重點。

六、確認首尾呼應。

步驟2 完成後六步驟

一、檢查錯別字。

二、檢查標點符號。

三、檢查字詞用法。

四、檢查句子。

五、檢查前後是否連貫。

六、檢查是否需要補充。

寫作文時，同學們若能充分的掌握這十二步驟，必能寫出一篇面面俱到、四平八穩的好文章，也能在基測的寫作測驗當中，拿到滿級分。

【練習】

現在，換大家來試試看。依照「完成後六步驟」來作修改的練習。下文已將不妥的用法加註括號，請你替換合適的符號或正確的用字詞語。

　　我曾經有一次為了要學生乖乖的寫作文，不要到處跑來跑去，於是便拿起他的塑膠夾將它捲起來，然後很用力的往桌上拍下去（，）結果拍完之後，發現塑膠夾已經破掉了！（哇勒）！我到底是練什麼神功（，）竟然可以把塑膠夾拍到（四面八方），結果學生當場大哭！說我把他最喜歡的夾子給弄破了！這時班上的同學便群起（闈）攻他「搞不好你的夾子之前就被割到了，還怪罪給老師！」（，）「才往桌子一拍怎麼可能就破了呢？」其他曾經被他打擾或者欺負的同學們，趁勢「圍勦」他，於是他又哭（的）更大聲！最後，我好說歹說的安慰他說：「老師買一個一模一樣的夾子給你好嘛？你還是乖乖的寫作文，其他同學也一樣！」好說歹說之下，才平息這次的風波。

　　在回家的路上，我（脫）著極為疲（備）的步伐，心裡在想我到底是在教他們作文？還是在管一群皮得要死的小孩？

我曾經有一次為了要學生乖乖的寫作文，不要到處跑來跑去，於是便拿起他的塑膠夾將它捲起來，然後很用力的往桌上拍下去（！）結果拍完之後，發現塑膠夾已經破掉了！（天啊）！我到底是練什麼神功（！）竟然可以把塑膠夾拍到（四分五落），結果學生當場大哭！說我把他最喜歡的夾子給弄破了！這時班上的同學便群起（圍）攻他「搞不好你的夾子之前就被割到了，還怪罪給老師！」（、）「才往桌子一拍怎麼可能就破了呢？」其他曾經被他打擾或者欺負的同學們，趁勢「圍勦」（勦）他，於是他又哭（得）更大聲！最後，我好說歹說的安慰他說：「老師買一個一模一樣的夾子給你好嘛？你還是乖乖的寫作文，其他同學也一樣！」好說歹說之下，才平息這次的風波。
在回家的路上，我（拖）著極為疲（憊）的步伐，心裡在想我到底是在教他們作文？還是在管一群皮得要死的小孩？

作家換你當

我最喜歡的歌

思路一·根據題目，確定主題

請你依據題目選擇想敘述的主題。

思路引導

在你聽過的歌曲當中，有哪一首歌是你印象最深刻的？

思路二·承續主題，敘述內容

請你大略敘述這首歌曲的內容。

思路引導

這首歌有哪些特別的地方呢？

思路三·轉換方向，抒發感想

請你寫出你對這首歌的看法及感受。

思路引導

這首歌帶給你哪些影響與啟發呢？

思路四·首尾相連，總結看法

請你整理出你對這首歌主要的看法。

思路引導

再度回味這首歌時，此時的你有哪些感受呢？

我最喜歡的歌

經由上述的思路引導，請將它化為優美的文字，清楚的表情達意成一篇優美的文章。

作品觀摩　《曾品瑄‧我最喜歡的歌》

　　我最喜歡的歌是周杰倫唱的聽媽媽的話，裡面的歌詞是他從小到大，媽媽對他的叮嚀。我的媽媽也像他的媽媽一樣很照顧我，所以每當聽到這首歌時，我內心就會有一種感動與熟悉。

　　這一首哥（歌）的歌詞很有意義，雖然不會讓人聽到淚水直流，可是會讓人感覺相當溫馨。其中有一段歌詞是這樣的：「我長大才覺得應該聽媽媽的話」，就會想起以前一聽到媽媽對我說的話，我就會（感到）反感到把它當做耳邊風，假裝沒聽到，能跑多遠就多遠。可是當我聽到這首歌之後，突然很感謝媽媽，她辛苦的賺錢好讓我學習各種才藝，真的很感激！

　　我很喜歡在傷心的時候聽這一首歌，尤其是當我做錯事被媽媽罵得（的）時候。聽完這首歌之後，我就會變得很勇敢，而且對自己很有信心，因為我相信媽媽的愛，會給我力量，並且會引導我到正確的路途上。而且隨著這首歌輕快的旋律，我的煩惱和不愉快，就會在邊哼邊唱中煙消雲散了！

　　這一首歌真的改變我了！從一個不想理媽媽的壞小孩，變成了一位懂得孝順的小孩！我真的好喜歡這首歌喔！

老師講評　評分 四級分

● 立意取材 ●

作者能依照題目選擇適合的材料，並且能有效的加以敘述及發揮感受。

● 結構組織 ●

組織完整，結構緊密，是一篇四平八穩的文章。

● 遣詞造句 ●

在遣詞造句中流露出對媽媽的感謝與愛，令人讀完之後充滿甜蜜溫馨的感受。

● 錯別字、格式及標點符號 ●

沒有錯誤。

賞　　析

　　時下的流行歌曲往往會成為基測國文考題中的材料之一，因此當有題目是《我最印象深刻的XXX》或是《我最喜歡（感動）的XXX》時，不知從何處找靈感的話，可以試著從你最常聽的歌曲中，去尋找寫作的材料，也許就有意外的收穫喔！如同品瑄同學的這一篇文章，沒有很華麗的辭藻，但在簡單樸實中，洋溢對母親的感激之情，以及表達出這首歌對她的正面影響。這種欣賞歌曲的態度，很值得同學們效法在聆聽流行歌曲之餘，不忘細細品嚐歌曲的意涵與啟示，這種態度也有助於深化我們的寫作內容及生活態度喔！

充充電，思緒更活躍！文思泉湧一瞬間 ⋯⋯*

一、大家來找碴

✕	○
丁寧	叮嚀
漩律	旋律
煩腦	煩惱
邊亨邊唱	邊哼邊唱

二、成詞語大補帖

成語	解釋	例句	相似詞	相反詞
回味無窮	形容事後細細玩味、體會，越想越有意思。	聽完她所唱的這首歌，令人回味無窮。	其味無窮 餘味無窮	味同嚼蠟 味如雞肋
悅耳動聽	形容歌聲聽起來快樂並且有所感動。	張學友的情歌，每首悅耳動聽，難怪被封為「歌神」。		
新鶯出谷	比喻歌聲宛轉清亮，好像黃鶯在山谷中鳴叫。	張韶涵的歌聲如同新鶯出谷，有一種清新的享受。	清耳悅心 娓娓動聽	嘔啞嘲哳
繞梁之音	形容歌聲美妙動聽，永留耳中。	楊宗緯所唱的背叛，真可說是繞梁之音，讓人聽了之後還想再聽。		

三、名言佳句大會串

名言佳句	使用情境	出處
陽春之曲，和者必寡。	介紹音樂的種類	范曄《後漢書》
治世之音安以樂，亡國之音哀以思。		《禮記·樂記》
子在齊聞韶，三月不知肉味。	形容音樂的悅耳動聽	《論語·述而》
此曲只應天上去，人間能得幾回聞。		〈杜甫·贈花卿〉
音樂在人們的心靈中，是感化情慾的最大之物。	說明音樂的重要性	拿破崙

滿級分附錄
佳言名句飆分法

最終秘技
用佳言名句讓分數火速飆升!

Q1 為什麼要背佳言名句?

A 這是很多同學會問我的問題。當同學們提出這樣的疑問時,我都會這樣告訴他們:通常批閱一份寫作測驗的試卷,一位老師大概只花三分鐘的時間,在這三分鐘內,通常會先看第一段,再看第四段,藉此檢視首尾是否有密切的呼應、文句是否有基本的通暢度?若首尾兩段結構完整、文詞通順,則此篇文章在閱卷老師的心中便有一定的基本分數。

我們可以說,首尾兩段在整篇文章中,產生決定性的影響。因此想要讓作文中的首尾兩段更具吸睛度,並得到閱卷老師的青睞,佳言名句絕對是同學們可以好好發揮的地方。

Q2 何謂佳言名句?

A 「佳言」是指優美的語句;「名句」是指著名的句子或短語。在國中的國文課文中,便有不少的佳句名言。例如在林貴真〈「爾雅書房」文學薪傳〉一文中,就引用了許多佳言名句,如「古人說:『三日不讀書,便覺面目可憎,言語乏味。』」;「林語堂先生說:『讀書的目的有二:「語言有味」、「面目可愛」而已。』」這些都可以說是佳言名句的具體實例,這是就「主觀」角度所下的定義。

就「客觀」來說,身為作文老師及作家的我,也常常收集一些讀起來讓人覺得意味深長的句子,或者自己創作屬於我的佳言名句。例如:

「每一種嘗試，都開拓生命的無限可能。」、「有些經驗必須親身體驗，才有機會獲得歷練與成長。」及「一個人的美麗，不在於外表，而在於一個人來自靈魂深處的折射。」等。這些句子可能從與朋友間的對話激盪而來、也可能出自人生的體悟，若遇到這種時候，不妨將句子抄錄在自己的小筆記本，抑或是電腦檔案中，方便自己隨時取用。

Q3 佳言名句的主要類型有哪些？

A 佳言名句的類型有很多種，單就歷年寫作測驗的題目來看，可歸納出八種類型，同學可針對這八種類型的特性，善用相關的佳言名句：

㈠交友類：

寫作此類文章，大多是讚頌友情難能可貴，遇到這種類型的文章便可使用如：「不論是多情的詩句，漂亮的文章，還是閒暇的快樂，都不能代替無比親密的友誼。」（普希金）、「友誼是兩顆心真誠相待，而不是一顆心對另一顆心敲打。」（魯迅）的佳句。

㈡勤學類：

這類文章的寫作方向，多朝「勤讀勞學」發展，也可能講述學問為何重要？讀書的樂趣何在？此時便可使用如：「貧者因書而富，富者因書而貴。」（王安石）的佳句。

㈢時間類：

此種類型的文章重點，多在於美好時光的流逝、把握時光等，同學可依照寫作方向使用如：「一日之計在於晨。」（蕭統）、「盛年不重來，一日難再晨，及時宜自勉，歲月不待人。」（陶潛）等佳句。

㈣親情類：

親情類的文章方向與友情類有異曲同工之妙，多半強調親情的珍貴與

深厚的情感，可引用如：「樹欲靜而風不止，子欲養而親不待。」等佳句。

(五)**勵志類：**

勵志可以是以自身經歷勉勵他人，也可以用他人的成功當做借鏡，自我勉勵，可使用如：「做事要有赤子之心、駱駝的耐力、獅子的勇猛。」（證嚴法師）的佳句。

(六)**生活類：**

生活類的題材廣泛，寫作方向也相當多元，從日常生活中的任何一件小事，都可能有所體悟，可使用如：「生活是一面鏡子，我們夢寐以求的第一件事情就是從中辨認出自己！」（尼采）

(七)**智慧類：**

智慧並非唾手可得的東西，必定是經過人生歷練後所產生對人生的體悟與結晶，此類文章可對智慧的追求與重要性多做著墨，可使用如：「心中的智慧，優於掌中之金錢。」（蕭伯納）、「沒有智慧的頭腦，就像沒有臘燭的燈籠。」（列夫·托爾斯泰）

(八)**夢想類：**

不管是曾經有的、實踐中的，或是待實現的夢想，都是很好發揮的方向，此時若能加入如：「人為生活而工作，為理想而努力，為夢想而執著。」、「自信的往你夢想的方向前進，過你所想像的生活。」（梭羅）、「說出來會被嘲笑的夢想，才有實踐的價值。」（九把刀）等名言，可以使自己的立論更有力量。

同學們平常就可以多留心這八大類型的佳言名句，並且多加收集。而更多關於這八大類型的佳言名句，請參考 Q7 的回答，將有詳細且周

全的整理，方便同學們參考使用。

另外，同學們可能想要知道，有沒有所謂「萬用式」的佳言名句，只要背記幾句，就不必特別去留意或去這八大類型的佳言名句？答案是沒有，佳言名句就靠同學們平常多看、多聽、多背及多寫，這樣你們的資料庫就能夠儲存許多檔案，在寫作測驗中，只要依據題目性質，稍加搜尋一下，就能夠將這些搜尋出來的佳言名句，運用在寫作測驗當中。

Q4 如何收集佳言名句？

A 同學們如果想要收集佳言名句，最快速也最方便的方法，就是國文課本中的課文。再來，與作文有關的參考書或教材，也有整理過後的佳言名句。然後將這些自己覺得讀起來意味深長，而且百讀不厭的句子，依照個人的習慣，無論是要抄在自己特別準備的筆記本，或者打進電腦裡，甚至儲存在自己的手機裡，都是可行的方法，只要自己覺得方便就可以了！

像老師自身，看到很喜歡或者覺得很有意義的句子，就會把它打在電腦檔案當中，並且分門別類，當我需要用到這些句子時，就可以很快找到自己需要的檔案。

有時我甚至把這些句子，貼在臉書的塗鴉牆上，和大家一起分享。有的網友們會發表他們對這些句子的看法，有的則會按讚，表達他們對這些佳句的共鳴。不管是發表心得或按讚，都會強化老師收集和分享佳言名句的動機和行為，也就會持續和大家分享我看到或聽到的佳言名句。也因為如此，還得到不少「文友」，大家志同道合，品嘗這些雋永的句子，更能使彼此友誼更加長久，這也是老師當初意想不到的

結果呢！

另外，隨著媒體文化的發達，在電影中也有不少令人再三回味的雋永台詞，只要善加引用，有時甚至會得到比古人所說的名言更好的效果。如華語電影〈賽德克·巴萊〉中的「寧可要野蠻的驕傲，也不要文明的屈辱。」；電視劇〈鍾無豔〉的「沒有什麼是永恆不變的，唯有的就是讓自己變得更幸福！」，或是外國電影〈阿甘正傳〉中的「生命就如同一盒巧克力，你永遠不會知道你將拿到什麼。」都是令人玩味的句子。

而在流行歌曲當中，也有不少名言佳句，如張韶涵〈浮雲〉中的「彩色的前方，好像有埋伏的驚喜，我的微笑萬里無雲。」；蘇打綠〈十年一刻中〉的「十年的功聚成燦爛，那一分鐘的夢，生命舞台發光的人，絕不是只會說。」

更有甚者，同學們愛看的武俠小說中也有不少佳言名句，如金庸〈九陽真經〉中的「他強由他強，清風拂山崗；他橫由他橫，明月照大江。」等。

這些同學們相對熟悉的佳言名句只要應用得當，效果並不會比文學巨著或偉人名言來得差。

Q5 如何運用佳言名句？

A 以下有兩篇作文，前面一篇為同學的原作，後面一篇則為使用名言佳句後的作品。同學們可以對照比較，並感受看看，這兩者有何不同？

使用佳言名句前

在五年級上學期時，我的好朋友因父親調職而搬去中國大陸，但我

們當時在吵架，所以一句告別的話也沒說，就讓他離開。

　　記得我們倆雖然身高相差二十幾公分，且性別也不同，但不論做什麼事，都十分合得來，因此總是形影不離，甚至還被同學們說成「姊弟」，不過我也很贊同這樣的看法，而且其實也挺像的。直到有一天，因為喜歡的食物不一樣，而發生爭吵。我愛吃巧克力，但是他討厭，而且他明明也知道我喜歡巧克力勝過於一切，卻說它很難吃，或許當時在氣頭上吧！對方也有故意讓我生氣的感覺，所以就再也不理他了。

　　結果隔天就從老師口中得知他已經離開台灣去中國大陸了，而我頓時嚇到，昨天分明還在，怎麼可能今天就不見呢？一放學就飛奔到好朋友的家猛力叫他，但除了一片死寂外，什麼都沒有，直到現在我才真正相信他離開了！

　　眼前愈來愈模糊，淚水也布滿整張臉，早知道就別為了這雞毛蒜皮的小事生氣，「他一定是不想讓我送自己走，不然肯定會捨不得而無法離去。」慢慢走向我們的祕密基地，發現有一封給我的信：「逸婷，我必須搬家，再見！」短短的幾句話，卻又讓眼睛的水龍頭再度打開……「討厭，明明是朋友卻還這樣。」之後就一直哭，一直哭……。

　　現在我已經國一了，卻從未和他連絡過，可能他忘記我；可能和我一樣望著窗外想著對方，但無論如何，時間也不可能回到那時，這一句「再見！」也無法傳達給他，此事可能會被時間沖淡，也可能永不忘懷，好朋友，你好嗎？

——擷取自郭逸婷〈千金難買早知道〉

　　有句歌詞是這麼說的：「錯過的永遠最美，最美的也最令人心碎。」之前聽這首歌詞，沒有特別深刻的感受，但是經由那件事之後，我終於懂了錯過的箇中滋味。

　　在五年級上學期時，我的好朋友因父親調職而搬去中國大陸，但我們當時在吵架，所以一句告別的話也沒說，就讓他離開。記得我們倆雖然身高相差二十幾公分，且性別也不同，但不論做什麼事，都十分合得來，因此總是形影不離，甚至還被同學們說成「姊弟」，不過我也很贊同這樣的看法，而且其實也挺像的。直到有一天，因為喜歡的食物不一樣，而發生爭吵。我愛吃巧克力，但是他討厭，而且他明明也知道我喜歡巧克力勝過於一切，卻說它很難吃，或許當時在氣頭上吧！對方也有故意讓我生氣的感覺，所以就再也不理他了。

　　結果隔天就從老師口中得知他已經離開台灣去中國大陸了，而我頓時嚇到，昨天分明還在，怎麼可能今天就不見呢？一放學就飛奔到好朋友的家猛力叫他，但除了一片死寂外，什麼都沒有，直到現在我才真正相信他離開了！

　　眼前愈來愈模糊，淚水也布滿整張臉，早知道就別為了這雞毛蒜皮的小事生氣，「他一定是不想讓我送自己走，不然肯定會捨不得而無法離去。」慢慢走向我們的祕密基地，發現有一封給我的信：「逸婷，我必須搬家，再見！」短短的幾句話，卻又讓眼睛的水龍頭再度打開……「討厭，明明是朋友卻還這樣。」之後就一直哭，一直哭……。

　　現在我已經國一了，卻從未和他連絡過，可能他忘記我；可能和我一樣望著窗外想著對方，但無論如何，時間也不可能回到那時，這一句

「再見！」也無法傳達給他，此事可能會被時間沖淡，也可能永不忘懷，好朋友，你好嗎？

解析

使用佳言名句前，同學們光看第一段，可能不知道作者想要表達什麼？也無法抓住這篇文章的主旨，但是加了「有句歌詞是這麼說的：『錯過的永遠最美，最美的也最令人心碎。』之前聽這首歌詞，沒有特別深刻的感受，但是經由那件事之後，我終於懂了錯過的箇中滋味。」之後，即使不知道文章的後續發展，也能清楚地知道，這篇文章想要表達的情感及內容與「錯過」有關。當讀者有了這樣明顯的提示之後，「錯過」這兩個字，就如同導航系統般，帶領讀者一步步往下閱讀。

由此可知，使用佳言名句，能為文章帶來許多效果。首先，幫助作者更進一步表情達意，再來，可以為文章帶來畫龍點睛的效果，而且從作者所使用的佳言名句，可以彰顯出作者的實質內涵。整合以上的效果，便可以具體地呈現在寫作測驗的成績當中。總之，使用佳言名句，除了多多益善之外，還要用得精、用得巧，才能使佳言名句發揮它應有的效果。誠如文章開頭中，我所強調的重點：「讓作文中的首尾兩段，更具吸睛度並得到閱卷老師的青睞。」同學們可以在首尾兩段中，善加運用佳言名句。

其中，在開頭部分可用「引題法」，即文章的一開始就使用佳言名句，來當作立論的根據。例如在林貴真〈「爾雅書房」文學薪傳〉中的開頭便寫道：「『人民的素質是所有夢想的基礎。』作家龍應台在一篇〈五十年來家園〉的文字裡下了如此結論。」

而在結尾處可用「歸納法」來統整全篇文章旨趣，以再次強調本文重點。

例如胡適〈母親的教誨〉一文中尾段寫道：「我在我母親的教訓之下住了九年，受了極大極深的影響。……如果我學得了一絲一毫好脾氣，如果我學得了一點點待人接物的和氣，如果我能寬恕人，體諒人——我都得感謝我的慈母。」。

記得喔，開頭和結尾一定要前後呼應，才能使文章主旨一貫相連，且一氣呵成。

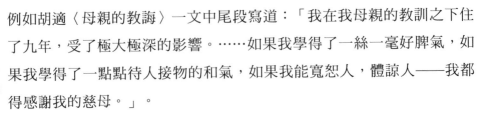

Q6 使用佳言名句的注意事項有哪些？

Ａ 使用佳言名句最怕的是弄巧成拙，原先想引用名句為文章增色，卻錯植作者，用錯字詞，閱卷老師可不會看在你有心引用的誠意上為你加分，所以老師先在這裡提醒同學們下列注意事項：

㈠**不知佳言名句的作者為何時：**

如果使用佳言名句時，不知道作者、一時忘記作者名字，或是不甚確定的話，可用「曾經有人這麼說過」、「有人說」、「有句話是這麼說的」之類較為保守、含糊的話代替作者，這樣一來，除了可以避免誤植作者的錯誤，二來還是能保有使用佳言名句的效果

㈡**有些佳言名句沒有作者時：**

這種情形多發生在古諺，如「書中自有黃金屋」或「一寸光陰一寸金」等諺語。這些句子我們大多耳熟能詳，但作者經過時間的流逝，可能已經無從考究，此時可用「古諺」、「西諺」、「俗諺」、「時諺」等方式來表達。如「古諺有云：『有志者事竟成。』」；「俗諺說：『聰明一世，糊塗一時。』」一樣能夠避免誤植作者、又不會貶低閱卷老師給你的印象分數。

㈢**要切合題旨：**

使用佳言名句固然好處多多，但是誤用的話，那還不如不用。舉例來說，在前面〈千金難買早知道〉一文中，開頭原來是這樣寫的：

有句歌詞是這麼說的：「錯過的永遠最美，最美的也最令人心碎。」之前聽這首歌詞，沒有特別深刻的感受，但是經由那件事之後，我終於懂了錯過的箇中滋味。

如果誤用或沒有切合題旨來使用佳言名句的話，就可能產生下列情形：

有句歌詞是這麼說的：「曾經尋他千百回，任山風冷冷的吹，吹乾了兩頰的淚。」之前聽這首歌詞，沒有特別深刻的感受，但是經由那件事之後，我終於懂了錯過的箇中滋味。

這裡用的「曾經尋他千百回，任山風冷冷的吹，吹乾了兩頰的淚。」容易令讀者感到不知所云，而且似乎也與主題無關。由此可知，即使所引用的句子非常生動且優美，但若與主題沒有太大關係，這在寫作測驗中可是會被扣分的喔！因此同學除了不要誤用之外，更不要為了使用佳言名句，而找了一些與主題無關的句子胡亂引用，否則就會淪為「畫蛇添足」，多此一舉了！

㈣**要精準貼切：**

使用佳言名句，要有「減一分則太瘦，增一分則太肥」那樣的穠纖合度，才能使佳言名句發揮它最極致的效果。我再以同學〈千金難買早知道〉這篇文章來舉例：

有句歌詞是這麼說的：「錯過了最美的那朵花蕊，啊！頭也不回。」之前聽這首歌詞，沒有特別深刻的感受，但是經由那件事之後，我終於懂了錯過的箇中滋味。

雖然「錯過的永遠最美，最美的也最令人心碎。」和「錯過了最美的那朵花蕊，啊！頭也不回。」這兩句話都是出自於林慧萍〈錯過〉這首歌，而且都與「錯過」的主題有關，但是引用「錯過的永遠最美，最美的也最令人心碎。」的貼切主旨的程度遠大於「錯過了最美的那朵花蕊，啊！頭也不回。」這句話。

由此可知，在使用佳言名句時，不只要用得好，還要用得更精準貼切。就像同學們在做國文考題時，常會出現「請問下列哪一個選項，最能符合文章主旨？」這類型的題目，同學在選擇答案時，不只要選擇正確的，還要選擇更精準的，才能完美得分。同樣的標準用在選擇佳言名句，才能使它的效果，發揮得淋漓盡致。

Q7 來不及蒐集累積足夠佳言名句怎麼辦？

A 理論上，自己蒐集的佳言名句印象會比較深刻，也較能應用自如，但若明天就要考試，臨時不知到哪裡找佳言名句，為了救急，不妨利用市面上專門列出各式各樣佳言名句的書籍，以備不時之需。以下也就前述八項常考作文類型列出相關佳言名句，讓同學隨選隨用、畫龍點睛：

㈠交友類：

• 不論是多情的詩句，漂亮的文章，還是閒暇的快樂，都不能代替無比親密的友誼。‖普希金，俄國文學之父
• 千里送鵝毛，禮輕情意重。‖李汝珍，中國十大名著《鏡花緣》作者
• 贈人以言，重於金石珠玉。‖《荀子‧非相》
• 寶劍贈烈士，紅粉贈佳人。‖翟灝《通俗篇》

- 衣服新的好，朋友舊的好。∥莎士比亞
- 像橡樹般一寸寸成長起來的友情，要比像瓜蔓般突然躥起來的友情更為可靠。∥夏綠蒂・勃朗特，英國作家

(二)**勤學類**：

- 貧者因書而富，富者因書而貴。∥王安石
- 一間沒有書的房子，正如一個沒有窗子的房間。∥曼恩・美國公立教育之父
- 讀書，引導我散步在別人的知識與靈魂中。∥尼采
- 讀遍全部的好書，有如跟許多賢人談話。∥笛卡兒
- 讀書若未能應用，則所讀的書等於廢紙。∥華盛頓
- 書籍是橫渡時間大海的航船。∥培根
- 書是世界的寶貴財富，是國家和歷史的優秀遺產。∥梭羅
- 讀書不要貪多，而是要多加思索。∥盧梭
- 舊書不厭百回讀，熟讀深思子自知。∥蘇軾
- 積財千萬，無過讀書。∥顏之推《顏氏家訓》
- 讀書之法，在循序而漸進，熟讀而精思。∥朱熹

(三)**時間類**：

- 一日之計在於晨。∥《增廣賢文》
- 青春是不耐久藏的東西。∥莎士比亞
- 時間對於各種人有各種的步伐。我可以告訴你時間對於誰是走慢步的，對於誰是跨細步走的，對於誰是奔跑著走的，對於誰是立定不動的∥莎士比亞《皆大歡喜》
- 莫等閒，白了少年頭，空悲切。∥岳飛〈滿江紅〉

- 歲月並不能造就偉人，它只會製造老人。‖雪萊，英國詩人
- 年輕的心，善解人意，讓生活充滿創意。‖張清芳〈天天年輕〉
- 時間有虛實與長短，全看人們賦予它的內容怎樣。‖馬爾夏克，俄國詩人
- 只要認真付出，所有難過的經驗，都會成為難忘的美好回憶。‖吳若權〈從難過到難忘〉
- 在那些交織的故事裡，或許遺忘，也或許難忘，因為那是用一段段的青春堆砌起的，帶著獨一無二的喜怒哀樂。‖張曼娟〈青春〉
- 再見童年，不能再任性，只能更韌性。‖李心潔〈再見童年〉
- 如果善良的情感沒有在童年形成，那麼無論什麼時候你也培養不出這種感情來。‖蘇霍姆林斯基，蘇聯教育家
- 要是童年的日子能重新回來，那我一定不再浪費光陰，我要把每分每秒都用來讀書。‖泰戈爾
- 童年的一天一天，溫暖而遲慢，正像老棉鞋裡面，粉紅絨裏子上曬著的陽光。‖張愛玲《流言》

㈣**親情類**：

- 樹欲靜而風不止，子欲養而親不待也。‖韓嬰
- 父母在，不遠遊，游必有方。‖孔子
- 老母一百歲，常念八十兒。‖《勸孝歌》
- 母親的愛是永遠不會枯竭的。‖岡察洛夫，俄國作家
- 萬愛千恩百苦，疼我孰知父母？‖呂得勝《小兒語》
- 家教寬中有嚴，家人一世安然。‖呂得勝《小兒語》
- 父母的美德是一筆巨大的財富。‖賀拉斯，羅馬帝國奧古斯都統治

時期著名詩人

- 父子不信，則家道不睦。‖武則天

- 誰言寸草心，報得三春暉。‖孟郊

- 再沒有什麼能比人的母親更為偉大。‖惠特曼，美國詩人

- 母愛是一種巨大的火焰。‖羅曼·羅蘭，法國作家

- 要用希望孩子對待你的方式去對待父母。‖蘇格拉底

- 昔孟母，擇鄰處。子不學，斷機杼。‖王應麟《三字經》

- 女人固然是脆弱的，母親卻是堅強的。‖法國俗諺

- 在孩子的嘴上和心中，母親就是上帝。‖薩克雷，英國小說家

- 世界上的一切光榮和驕傲，都來自母親。‖高爾基，俄國作家

- 家有萬貫，不如出個硬漢。‖錢大昕《恒言錄》

- 世界上有一種最美麗的聲音，那便是母親的呼喚。‖但丁

- 智慧之子使父親快樂，愚昧之子使母親蒙羞。‖所羅門

- 一家人能夠相互密切合作，才是世界上唯一的真正幸福。‖居里夫人

- 慈母的胳膊是慈愛構成的，孩子睡在裡面怎能不甜。‖雨果

- 母愛是多麼強烈，自私，狂熱地佔據我們整個心靈的感情。‖鄧肯

- 家庭應該是愛、歡樂和笑的殿堂。‖木村久一《早期教育和天才》

- 溫和的語言，是善良人家庭中決不可缺少的。‖印度《摩奴法典》

- 成功的時候，誰都是朋友。但只有母親——她是失敗時的伴侶。‖鄭振鐸，大陸作家

- 沒有無私的，自我犧牲的母愛的幫助，孩子的心靈將是一片荒漠。‖狄更斯

- 世界上一切其他都是假的，空的，唯有母親才是真的，永恆的，不

滅的。‖印度諺語

- 建立和鞏固家庭的力量是愛情，是父親和母親、父親和孩子、母親和孩子相互之間的忠誠的、純真的愛情。‖蘇霍姆林斯基
- 人的嘴唇所能發出的最甜美的字眼，就是母親，最美好的呼喚，就是「媽媽」。‖紀伯倫
- 作為一個父親，最大的樂趣就在於：在其有生之年，能夠根據自己走過的路來啟發、教育子女。‖蒙田，法國作家
- 身體髮膚受之父母，不敢毀傷，孝之始也。‖《孝經》

(五)**勵志類：**

- 做事要有赤子之心、駱駝的耐力、獅子的勇猛。‖證嚴法師
- 與你分享的快樂，勝過獨自擁有。‖伍思凱〈分享〉
- 好東西要和好朋友分享。‖孫越（麥斯威爾咖啡廣告）
- 分享的朋友，在精不在多，分享的幸福就在下一秒。‖司恩魯，台灣作家
- 每一個人都擁有一份寶貴的「禮物」，它會讓你得到某種財富，但它的價值絕對不是用黃金或金錢來衡量的。‖史賓塞‧強森《禮物》
- 快樂因分享而加倍，痛苦因分擔而減半。‖瑞典諺語
- 當你遇見美好的事物時所要做的第一件事，就是把它分享給你四周的人；這樣，美好的事物才能在這個世界上自由自在的散播開來。‖佛瑞斯特‧卡特《少年小樹之歌》

(六)**生活類：**

- 生活是一面鏡子，我們夢寐以求的第一件事情就是從中辨認出自己！‖尼采

- 山窮水盡疑無路，柳暗花明又一村。 ‖ 陸游〈遊山西村〉
- 彩色的前方，好像有埋伏的驚喜，我的微笑萬里無雲。 ‖ 張韶涵〈浮雲〉
- 只有你自己認識的朋友，一朝重逢，才能有許多驚喜。 ‖ 劉墉《人就這麼一輩子》
- 在旅行過程中所發現的趣味密碼，每個密碼都是一個暗號，象徵了一些人生觀、價值觀、民情風俗甚至是一個得來不易的感動。 ‖ 褚士瑩《找自己去旅行——33 個趣味密碼》
- 只要你打開心靈的眼睛，放鬆情緒的神經，認真去感受、去體會，就算是從家裡慢慢散步到小公園，都可以是處處有驚喜的旅程。 ‖ 吳若權〈放慢腳步走對路〉
- 每次旅行回來，我就像一塊吸水後的海綿，濕潤而飽滿，回到生命最豐盈的狀態。 ‖ 吳若權〈放慢腳步走對路〉
- 在旅行中，可以釋放心中許多負擔，並且接收到許多外來的新訊息，讓視野和心胸變得更加開朗和豁達。 ‖ 吳若權〈放慢腳步走對路〉
- 此曲只應天上有，人間能得幾回聞。 ‖ 杜甫〈贈花卿〉
- 子在齊聞韶，三月不知肉味。 ‖ 孔子《論語・述而》
- 陽春之曲，和者必寡。 ‖ 范曄《後漢書》
- 治世之音安以樂，亡國之音哀以思。 ‖《禮記・樂記》

(七)**智慧類：**
- 心中的智慧，優於掌中之金錢。 ‖ 蕭伯納
- 智慧、友愛，這是照明我們的黑夜的光亮。 ‖ 羅曼・羅蘭

- 愛人者，人恆愛之；敬人者，人恆敬之。‖《孟子‧離婁篇下》
- 惻隱之心，仁之端也；羞惡之心，義之端也；辭讓之心，禮之端也；是非之心，智之端也。‖《孟子‧公孫丑篇上》
- 體諒，是指體會之後的諒解。真正的體諒，不只是情緒上的不計較，更是心靈上的感同身受。‖吳若權《站在有光的地方》
- 人的智慧不用就會枯萎。‖達文西

(八)**夢想類：**

- 三個臭皮匠，勝過一個諸葛亮。‖（中國諺語）
- 單絲不能成線，獨木不能成林。‖《精忠岳傳》
- 二人同心，其利斷金；同心之言，其臭如蘭。《周易‧系辭上》
- 當我們團結，狂風巨浪也不能阻擋我們走向前。‖孫燕姿〈一起走到〉
- 自信的往你夢想的方向前進，過你所想像的生活。‖梭羅
- 說出來會被嘲笑的夢想，才有實踐的價值。‖九把刀
- 夢想永遠是逆向，一路都有人阻擋，人們說的荒唐卻是我的心中的天堂。‖五月天〈放肆〉

以上關於佳言名句的種種論述，希望對讀者們有所幫助和啟發，更重要的是，「坐而言不如起而行。」讓佳言名句為自己的文章帶來畫龍點睛的效果，也讓自己的作文成績隨著佳言名句的累積，而蒸蒸日上。

懂這些訣竅，
火速飆升
作文力

國家圖書館出版品預行編目資料

懂這些訣竅,火速飆升作文力 / 楊嘉敏編著.
-- 新北市：鴻漸文化, 民102.1

　面；　公分

ISBN 978-986-5874-01-8(平裝)

1.漢語教學 2.作文 3.寫作法 4.中等教育

524.313　　　　　　　　　　101024595

～理想的推手～

懂這些訣竅，
火速飆升
作文力

編著者●楊嘉敏

出版者●鴻漸文化

發行人●Jack

美術設計●曾書豫

編輯中心●新北市中和區中山路二段366巷10號10樓

電話●(02)2248-7896

出版總監●歐綾纖

副總編輯●陳雅貞

責任編輯●黃曉鈴

排版●王芋崴

傳真●(02)2248-7758

總經銷●采舍國際有限公司

發行中心●235新北市中和區中山路二段366巷10號3樓

電話●(02)8245-8786　　　　　　　　　　傳真●(02)8245-8718

退貨中心●235新北市中和區中山路三段120-10號（青年廣場）B1

電話●(02)2226-7768　　　　　　　　　　傳真●(02)8226-7496

郵政劃撥戶名●采舍國際有限公司

郵政劃撥帳號●50017206（劃撥請另付一成郵資）

新絲路網路書店●www.silkbook.com

華文網網路書店●www.book4u.com.tw

PChome商店街●store.pchome.com.tw/readclub

出版日期●2013年1月

Google　鴻漸 facebook

鴻漸文化最新出版、相關訊息盡在粉絲專頁

本書範文所引用之相關段落，已經取得作者同意授權使用。但因部分作者聯繫上有困難，懇請來電，本人將會依著作權法第四十七條之使用報酬率付費。

聯絡電話：0912721437楊小姐

全系列展示中心　新北市中和區中山路二段366巷10號10樓（新絲路書店）

本書採減碳印製流程並使用優質中性紙（Acid & Alkali Free）與環保油墨印製。